JN150708

# ちょこっと
# ピラティス

「1日5分」でカラダもココロも最高に
キレイになれる

横幕真理

CROSSMEDIA
PUBLISHING

# PROLOGUE

## はじめに

「とにかく痩せて、キレイになりたい」
「必死にダイエットをして痩せたのに、またリバウンドしてしまった」
「産後、体型が崩れてからなかなか元の身体に戻せない」

ピラティスインストラクター養成スクールを経営して全国に累計４０００名以上の生徒を抱えるわたしの元には、日々このような体型や体重に関するたくさんの相談の声が届きます。
今でこそそんな生徒の方々に指導をしているわたし自身も、実はつい数年前まで「万年ダイエッター」でした。

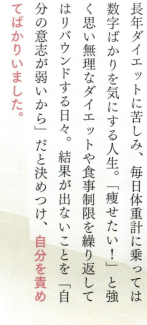

長年ダイエットに苦しみ、毎日体重計に乗っては数字ばかりを気にする人生。「痩せたい！」と強く思い無理なダイエットや食事制限を繰り返してはリバウンドする日々。結果が出ないことを「自分の意志が弱いから」だと決めつけ、**自分を責めてばかりいました。**

そして気がつけば、理想はあるのに叶えられない自分の存在自体が強いコンプレックスとなり、心

# PROLOGUE

がボロボロになっていました。

しかし、その考え方は間違っていたのです。わたしは「痩せたい！」という気持ちに囚われるあまり、「なぜ痩せたいと思うのか」「なぜキレイになりたいのか」という目的を見失っていたのです。

今ならわかります。わたしが思う「痩せたい！」という気持ちの中には**「自分のことを、自信を持って好きだと言いたい」**が含まれていたことに。あなたも「痩せたらあの洋服が着たい」「痩せて自分に自信が持てたら、いろんな人と関わりたい」など、痩せたら実現させたいことがあるはずです。

あなたが考える「キレイ」とは何でしょうか？
答えは人それぞれ違うはずです。

## ピラティスが教えてくれた、キレイの本質

わたしが変わることができたきっかけ。

**それが、ピラティスでした。**

ピラティスはわたしの中のキレイの概念をつくり、わたしの人生を変えてくれたのです。

「ピラティスは、10回で自分の可能性に気づき、20回で心と身体の変化を実感し、30回で新しい自分に生まれ変わる」

これはピラティスの創始者、ジョセフ・ピラティス氏の言葉です（意訳：横幕真理）。

この言葉の通り、ピラティスを始めたばかりの頃

# PROLOGUE

のわたしは、それまでのような無理な食事制限をせず、毎日体重計に乗って数字を量ることもしなくなりました。それでもただピラティスを続けるだけで確実に身体が変わっていきました。

そして身体の変化と共に心が変わり、少しずつ、でも確実に**自分自身が変わっていく**ことを感じたのです。

すっかりピラティスに魅せられたわたしは、ピラティスの本場・アメリカに渡り、ネバダ州立大学ラスベガス校へ留学。ピラティスを学び直しました。アメリカでの学びに独自のメソッドを追加したカリキュラムをつくり、Pilates Method Allianceという国際的な教育基準を設定するアメリカのピラティス団体の認定を受けるスクールを開校したのです。

そして、このピラティススクールＭＡＪＯＬＩは、瞬く間に評判が評判を呼び、オンライン、東京、沖縄、そして韓国でも養成講座を開催。今では毎月１００名以上の方に新規でご参加いただけるほど大きなムーブメントとなりました。

ピラティスを指導することで、

「ピラティスを始めてウエストが５cmも細くなった！」

「コンプレックスだったO脚が治って、スキニーやスカートが履けるようになった！」

「体重を量らなくなったのに、明らかに見た目が自然と痩せていった」

「肩こりや腰痛が解消されて、身体がとても軽くなった！」

「ストレスを感じることが減り、ポジティブになれた！」

# PROLOGUE

など、日々たくさんの嬉しい変化を実感する感動のお声をいただくようになりました。

多くの人は、「とにかく痩せたい！」と思いがちですが、人それぞれ体型や不調を感じている部分は違います。

上半身に比べて下半身に脂肪がついている人、全体的にスリムでもおなかに脂肪がついている人、または、デスクワークの連続で猫背になっている人……。身体に関する悩みは、人の数だけあるものです。

ピラティスは、**今の自分の体型と向き合うこと**から始めるため、自分自身を知るきっかけを与えてくれます。自分の体型で、変わらなくてもいい部分、そのままで好きな部分もきっと見つかることでしょう。

## 日々忙しく生きるあなたの
## キレイへの道、
## それが「ちょこっとピラティス」

現代を生きるわたしたちは、日々仕事や育児に忙しく、毎日1時間のトレーニング時間を確保することも難しい方が多いです。

実際にうちの生徒さんの中にも、「痩せるためにトレーニングを始めたけど続けられなかった」という声がとても多いです。そのことで「やっぱり自分はダメだ」と落ち込んでしまう生徒さんたちを見て心苦しくなりました。

そこで、今まで4000名以上に指導してきたわたしの経験のすべてを注ぎ込んで、誰でもピラティスを日常に取り入れることで**健康的に持続可**

# PROLOGUE

**能な「キレイ」**を手にすることができるエクササイズ**「ちょこっとピラティス通称：ちょこピラ」**のメソッドを開発しました。

**1日5分で本当に効果が出るの？** そう心配になる方もいるかもしれません。ですが実は、週に1回ジムに通うよりも、毎日5分の「ちょこピラ」を続けるほうがずっと効果的なのです。

1日5分だから、気楽に日常の「ちょこっと」したスキマ時間でできるはず。大きなやる気を出す必要もありません。やる気すら出さず、まるで歯を磨くように、**驚くほど習慣化しやすいエクササイズ**になっています。

わたしの長年の指導と研究から、最先端の解剖学とレッスン現場での実践に基づき、短時間で効果が出て、時間も場所も選ばずに誰でも続けることができるカリキュラムを本書にまとめました。

忙しいわたしたちでも継続可能で、結果に直結する等身大のピラティスエクササイズ――それが「ちょこっとピラティス」なのです。

これを日々、無理なく続けるだけで、あなたは体重計に乗らなくても自然と理想の体型をつくり、身体の不調や姿勢を改善できます。何より、本当の意味で「キレイ」でしなやかな身体を目指すことができるようになります。

また、身体が変わることで心が変わり、**自分のことを自信を持って好きだと思える――。**あなた自身が大きく変われるきっかけになるはずです。

ピラティスを通じて、健康で、自分らしく、幸せな人生を歩むための第一歩を、一緒に踏み出しましょう。

# PROLOGUE

「1日5分」で、カラダもココロも最高にキレイなあなたへ。
新しい自分に逢いに行こう。

横幕 真理

目次

# CHAPTER 1

## 1日5分！基本のちょこピラ・エクササイズ・3選



# CHAPTER 2

## お悩み別！ コンプレックスを解消するちょこピラ・25選

# UCTION

あなたのキレイを叶える

A LITTLE BIT PILATES

「ちょこっとピラティス」

TO MAKE YOU BEAUTIFUL

# INTROD

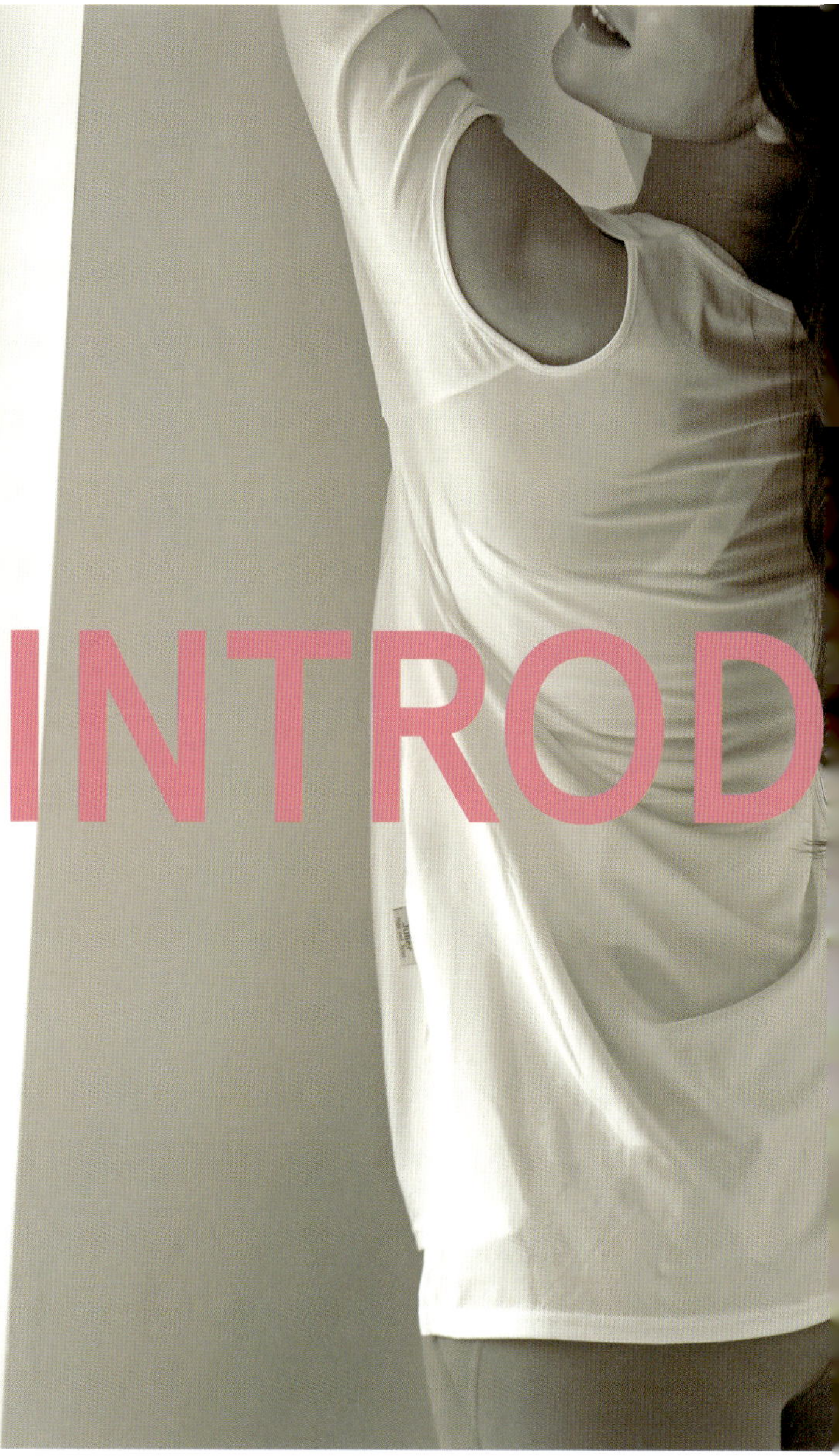

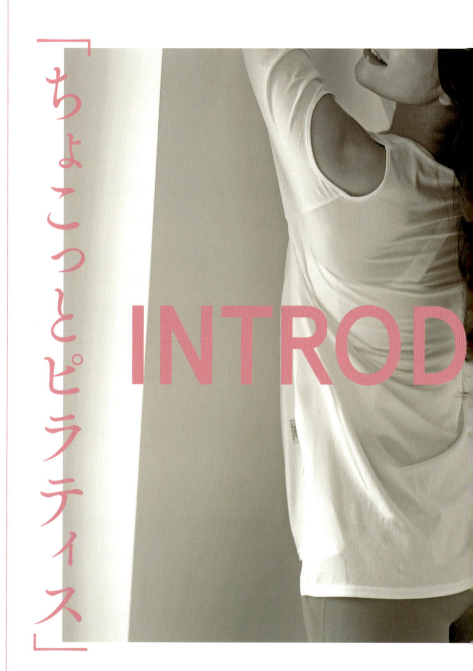

# まずは体重計を捨てよう！

あなたも、昔のわたしのように体重計の数字に振り回されていませんか？朝起きてそっと体重計に乗り、「どうか減っていて……！」と祈ったり、できるだけ衣類を脱いで乗り直したり……（笑）。多くの女性にとって、体重計に乗る瞬間は緊張の連続です。

目をつむり、「１００gでもいいから減っていてほしい！」と願って目を開けたとき、そこに表示された数字に落胆してしまう——そんな経験、あるのではないでしょうか。

でも、今日でそんな自分とはお別れです。なぜなら、実は体重計の数字は、あなたが思う「キレイ」とはまったく関係がないからです。体重が減ったからといって、それが「美しさ」や「健康」に直結するとは限りません。むしろ、体重に固執すると大切なことを見失いがちです。

ここでひとつ覚えておいてほしいのは、**筋肉は脂肪よりも重い**という事実です。同じ体積でも、筋肉は脂肪よりも密度が高いため、重さが違います。その結果、筋肉量が多い人は体重が重くても、見た目には引き締まってスリムに見えるのです。

たとえば、同じ身長と体重の2人がいても、筋肉量が多い人の方が細く、健康的に見えることが多いのはこのためです。筋肉は表面積が小さいため、余計な脂肪がついていない引き締まった体型を実現します。一方、脂肪は軽くても体積が大きく、身体がふっくらした印象になりがちです。

だからこそ、体重計の数字に頼るのではなく、自分の体調や見た目の変化を感じることが重要です。**もし体重が増えていても、それが筋肉によるものなら、むしろそれは「成長」の証**です！　体重が増えたからといって焦る必要はありません。

筋肉は脂肪を燃やすエンジンの役割も果たしています。筋肉量が増えることで基礎代謝が上がり、自然と脂肪が燃えやすい身体になるため、健康的なダイエットには欠かせない要素です。逆に、筋肉が減ると脂肪が燃えにくくなり、リバウンドしやすい体質になってしまいます。


また、体重計の数字に固執しすぎると、「もっと！　もっと！」と無理なダイエットを追い求めてしまう危険性もあります。わたしも過去に同じ過ちを犯しました。目標の体重を達成しても満足できず、見た目に失望し、自信を失ってしまったのです。そしていつのまにか、自分のことが嫌いになっていました。

しかし、ピラティスに出合い、身体について学んだことで気づいたのです。筋肉量や臓器の重さなどは人それぞれ異なるということに。同じ体重でも、筋肉量が多い人の方がずっと健康的で美しく見えることをようやく理解できました。

**だからもし、あなたが体重計の数字に苦しめられているのだとしたら、今すぐ体重計は捨ててしまいましょう。**本当に向き合うべきなのは、体重計の数字ではなく、あなた自身です。

**大切なのは、体重ではなく「自分がどう感じるか」を基準にすること。**たとえば、お気に入りの服が少しゆるく感じられるなら、それは身体が引き締まってきているサインかもしれません。また、日常生活で「動きやすくなった」「疲れにくくなった」と感じることがあれば、それも大きな進歩です。そして、ぜひ鏡の前に立ってみてください。体重計の数字では見えない、自分だけのボディラインや姿勢の変化を発見できるはずです。

こうした日々の小さな気づきを大切にしながら、体重計に縛られない生活を楽しんでみましょう。それが、あなた自身の美しさと健康をもっと輝かせる第一歩です！

# ちょこピラ的「キレイの3原則」

さあ、ここからが本当のスタートです。ただ「体重を減らす」ことだけを目指すのではなく、自分が心地よくいられる身体をつくることに目を向けてみましょう。

ピラティスは、単なるエクササイズの枠を超えたもの。**身体を整えるだけでなく、内側から自信が湧き出るような「健康美」を育むメソッド**です。そして、その「キレイ」の秘訣はとってもシンプル。ちょこピラ的「キレイの3原則」は、誰でもすぐに取り入れられるメソッドなんです。

でも、その前にこの「キレイの3原則」の元となる、ピラティス氏が提唱したピラティスの基盤となる「ピラティス6原則」を少しだけご紹介させてください。この6原則は、ただの筋トレやストレッチにとどまらず、**身体と**

**心をつなぐピラティスの本質そのもの**です。

## ピラティス6原則

### 1 呼吸

ピラティス氏は「呼吸は生命の第一条件」と述べています。深くリズミカルな呼吸をすることで、身体にたっぷり酸素が行き渡り、エクササイズの効果を最大限に引き出せます。正しい呼吸は体調を整える鍵です。

### 2 集中

エクササイズ中は、自分の身体の動きに意識を集中させましょう。集中することで、筋肉の動きや姿勢を正確にコントロールでき、より効率的にエクササイズが行えます。

### 3 センター（身体の中心）

ピラティスでは「体幹（コア）」がとても重要です。おなかや背中に意識を向け、無駄な動きを減らすことで、効率的に身体を鍛えられます。

### 4　コントロール

反射的に動くのではなく、筋肉の使い方を意識してコントロールすることが大切。これにより、エクササイズの質が向上し、ケガを防ぐことができます。

### 5　正確性

ピラティスでは、少ない回数でも正確な動きを重視します。正確にエクササイズに取り組むほど、効率的に筋肉を鍛えることができます。

### 6　フロー（流れる動き）

動きはスムーズに、流れるように行うのが理想です。ひとつの動きから次の動きへと自然に移行することで、身体の柔軟性としなやかさを養えます。

＊

このピラティスの6原則を自分自身の体験を通じて学びとった横幕真理流のメソッドとして、日常に取り入れやすい形にしたのが、次の3原則です。

## ちょこピラ的「キレイの3原則」

### 1　正しい呼吸

呼吸は身体と心の健康を測るバロメーター。深くリズミカルな呼吸ができているかどうかは、体調や姿勢の状態を示す重要なサインです。健康で美しい身体と心をつくるためには欠かせない要素です。

### 2　しなやかなボディライン

美しい姿勢がしなやかなボディラインをつくります。ピラティスでは「よい姿勢は身体のすべての仕組みが完璧にコントロールされているときにのみ身につく」とされています。特に背骨の柔軟性を保つことが、若々しい身体をつくる鍵です。ピラティスのエクササイズでは、身体全体のバランスを整え、自然でしなやかな曲線美を引き出します。

### 3　左右のバランス

筋肉や身体全体のバランスがとれていると、見た目だけでなく身体の使い方も洗練されます。ピラティスのメソッドでは、全身の筋肉を均等に鍛えることで、左右対称のバランス美を追求します。これにより、日々の生活での動きがスムーズになり、健康的で美しい身体をつくることができます。

*

この**「正しい呼吸」「しなやかなボディライン」「左右のバランス」の3つが整った状態こそ、あなたが本当に目指す「キレイ」の土台**です。

ちょこっとピラティスは、あなた自身の本来の美しさを引き出すことを目的としています。まだ気づいていない、あなただけが持つ特別な魅力。それを見つけ、磨き上げていくことが「ちょこピラ」の目指すゴールです。さあ、一歩ずつ進んで、自分らしい美しさを手に入れていきましょう。

## チェックしよう！　あなたのカラダ、キレイに整っていますか？

「正しい呼吸」「しなやかなボディライン」「左右のバランス」。これらの３つが整っていると、心も身体も健康的で美しい状態を保つことができます。けれど、忙しい日々の中では、自分の身体の状態を意識するのはなかなか難しいですよね。

ここで、簡単なチェックリストを用意しました。自分の身体が今、どんな状態なのかを確認して、必要なポイントを意識してみましょう。

CHECK!

## 1 正しい呼吸

- 呼吸は浅くなっていませんか？
一定のリズムで深く、安定した呼吸ができていますか？
- 普段の動作やエクササイズ中に、
自然に呼吸を意識できていますか？
- ストレスや疲れを感じたときも、
落ち着いて呼吸を整えることができていますか？

CHECK!

## 2 しなやかなボディライン

- 立っているときや座っているときに、
背骨のS字カーブをきちんと保てていますか？
- 前屈や後屈のような動きで、
背骨に痛みや硬さを感じることはありませんか？
- 鏡を見たとき、姿勢が崩れたり、
肩や骨盤の高さが左右でずれていませんか？

## 3 左右のバランス

CHECK!

- ○ 片足で立ったとき、ふらつかずにバランスを保てていますか？
- ○ エクササイズ中、左右どちらかの筋肉に負担が偏っていないですか？
- ○ 鏡で身体をチェックしたとき、左右対称のラインが整っていますか？

### チェックを終えたら……

いくつ当てはまりましたか？　もし「できていない」と感じる項目があったとしても、心配しなくて大丈夫。気づくことがキレイへの第一歩です。あなたはもう、その一歩を踏み出しています。一つひとつ意識を変えていけば、きっとあなたらしい美しさに近づいているのだから。

# あなたのキレイは あなたが決める

体重計の数字に囚われることをやめ、他人と比べて「あの子みたいになりたい」と思うこともやめたら、「じゃあ、わたしが目指すキレイってなんだろう？」「わたしは何を基準にキレイを目指せばいいの？」と迷ってしまうこともあるかもしれません。

その答えはとてもシンプル。**キレイの基準は、あなた自身にあります。**「キレイ」とは、誰かの基準に合わせるものではなく、あなた自身が見つけ、つくり上げていくもの。それは特別な誰かになるのではなく、「自分らしいキレイ」を見つけることです。

これからお伝えするのは、「ＳＮＳで見たキラキラした誰か」になるためではなく、「自分の理想の身体」を手に入れるための実践的な内容です。幾度となくダイエットに失敗し、何度も遠回りした経験から、キレイの基準を見つけるには3つのポイントが重要だと感じています。

そこでわたしが提案するのは、あなたのキレイを見つけるための3つのステップ。このステップを通じて、あなたの中に眠る本来の美しさが見えてくるはずです。では、さっそく始めていきましょう！

## STEP1　自己理解

女性は「とにかく痩せたい！」「痩せたら幸せになれる！」と盲目的に考えがち。「痩せることがすべて」という思考で、自分の現在の身体の状態をきちんと理解できていません。そのため、ダイエットに取り組んで痩せたとしても、なんとなく不完全燃焼で「全然キレイにならない。ダイエットに失敗した」という結果になりやすいのです。

この状態は、地図を持たずに荒れた海に船を出して目的地を目指すようなもの。自分の理想の身体（目的地）にスーッと最短距離で行けるよう、まずは現状と向き合い、顔、腕、おなか、足など隅々まで状態を確認しましょう。

出発点を理解すれば、やみくもに努力するよりもずっと早く目的地にたどり着くことができます。

## STEP2　ゴール設定

　自分の身体を細かく見ていくと、「腕や脚の太さは気にならないけどおなかが出ているのが気になる」「ショートパンツが履けるまで脚痩せしたい！」「お気に入りのワンピースは、ノースリーブだから腕痩せしたい」など、やみくもに「痩せたい！」と考えていた中に潜む自分の本当の変わりたいところが浮き彫りになります。

　このように、ボディメイクが必要なところと不要なところを自分で見つけてみましょう。具体的なやり方はこの後「ちょこピラワーク」としてお伝えします。

　このワークに取り組むことで、「太っていると思っていたけど、案外足首や手首、鎖骨は骨が出ていてメリハリがあるな。この部分は好きだな」など、自分の身体の好きなところが必ず見つかります。強みや弱みをフラットに受け入れ、同時に自己肯定感も上げていきましょう！

## STEP3　正しい努力

自分の身体の変えたいところが確認できたら、あとは日々、変えたい部位に効かせるピラティスを「ちょこっと」行うだけ。

ここで大切なことは、ただやればいいという話ではありません。もし、努力しているのに結果につながっていないなら、それは正しい努力ができていないのかもしれません。ゴール設定でなりたい自分を明確化し、そこに向かって取り組むことでそれは正しい努力となり、結果は必ずついてきます。

だからこそ、本書で解説するエクササイズの中から自分に必要なエクササイズをコツコツ行っていきましょう。結果が出ればそれがまた続ける理由、モチベーションにもなります。

# 理想のカラダをつくる「ちょこピラワーク」

わたしたちの身体は、心を映し出す鏡。だからこそ、**「理想の身体」をつくるためには、まず自分自身としっかり向き合うことが大切**です。ここでは、あなたの本当の理想を見つけるための「ちょこピラワーク」をご紹介します。

**STEP1　自分と向き合う準備をする**

全身が見える鏡を用意します。もし全身鏡がなければ、できるだけ大きな鏡でかまいません。そしてなるべく、薄着（可能であれば下着や裸）で鏡の前に立ちます。

### STEP2　今の自分を知る

鏡に映る自分とまっすぐに向き合い、自分自身に問いかけてみましょう。

「今の身体で気になる部分はどこ？」

「どこが変わったら嬉しい？」

### STEP3　自分の心の声を書き出す

STEP2で見つけた「変わりたい部分」「叶えたい理想」を、紙に書き出します。「太ももをもっとスリムにしたい」「おなかを引き締めて昔の服を着たい」など、できるだけ具体的に書きます。

### STEP4　今の自分を受け入れる

「今の自分」の姿を写真に残したり、気づいた感情を日記に書いたりして、記録しましょう。

「理想の身体」は、あなた自身の中にしかありません。**自分と向き合うことが、理想への一歩**です。その一歩を「ちょこピラワーク」で始めてみませんか？

## 見つける!「ちょこピラワーク」

は自分にぴったりの「ちょこピラ」を見つけましょう。
るためのエクササイズを25種類ご用意しています。

### 腕

【悩み例】

- ●二の腕がたるんでいて、ノースリーブが着れない
- ●腕が太い

↓

**腕ちょこピラ**

↓

P.84
へGO!

### 胸

【悩み例】

- ●バストが垂れてきた気がする
- ●バストの形が気になる

↓

**胸ちょこピラ**

↓

P.82
へGO!

### 背中

【悩み例】

- ●ブラジャーホックの上に脂肪が乗るのが気になる
- ●背中のお肉をなくしたい

↓

**背中ちょこピラ**

↓

P.76
P.78
へGO!

### 肩

【悩み例】

- ●肩が内側に巻き込んでいる
- ●慢性肩こりを改善したい

↓

**肩ちょこピラ**

↓

P.70
P.72
P.74
へGO!

### 首

【悩み例】

- ●首が前に出ていて猫背に見える
- ●首のたるみが気になる

↓

**首ちょこピラ**

↓

P.68
へGO!

### おなか

【悩み例】

- ●下腹がぽっこり出ている
- ●腹筋がなく、たるんだおなかを引き締めたい

↓

**おなかちょこピラ**

↓

P.62
P.64
へGO!

# わたしの理想のカラダを

**今の自分を知り、受け入れることができたら、次**
**あなたの悩みに寄り添い、コンプレックスを解消す**

## 腰

【悩み例】

- ●ボトムの上にお肉が乗る
- ●腰回りのお肉をなくしたい
- ●腰が丸まってしまい、腰痛が気になる

↓

**腰ちょこピラ**

↓

P.90
P.92
へGO!

## お尻

【悩み例】

- ●お尻が四角形なのが気になる
- ●桃尻になりたい
- ●ヒップアップしたい

↓

**お尻ちょこピラ**

↓

P.94
P.96
へGO!

## 脚

【悩み例】

- ●O脚・X脚を治したい
- ●太ももを細くしたい
- ●脚全体をスリムにしたい

↓

**脚ちょこピラ**

↓

P.100
P.102
へGO!

## 全身

【悩み例】

- ●姿勢が悪く、身体全体が歪んでいる
- ●疲れがとれにくくなってきた

↓

**全身ちょこピラ**

↓

P.108
P.110
P.112
へGO!

## メンタル

【悩み例】

- ●何をしても集中力が続かない
- ●情緒が不安定
- ●すぐにイライラしてしまう

↓

**メンタルちょこピラ**

↓

P.116
P.118
P.120
P.122
へGO!

# 重要なのは<br>体重ではなく姿勢

「キレイになりたい」そう思ったとき、つい体重に目が行きがちですよね。でも、本当に大切なのは姿勢です。体重と見た目は必ずしもイコールではありませんが、**姿勢と見た目は確実にイコール**です。姿勢を正すだけで、減量をしなくてもスタイルがよく見えるんです。

体重を減らしたり、筋肉を増やすには時間がかかりますが、姿勢を整えるのはすぐにでも始められます。試しに、今すぐ姿勢を意識してみてください。背筋を伸ばすだけでも、見た目に変化を感じるはずです。姿勢を意識することで、骨格が本来の位置に戻り、筋肉や脂肪が正しいバランスで働き始めます。

わたしたちの身体は、骨格を基礎とし、その周りに筋肉や脂肪がついています。生まれたときのわたしたちの身体には、歪みはありません。しかし、日々の生活の中で知らず知らずのうちに歪んでいくのです。

たとえば、デスクワークをしていると猫背になりがちです。また、右利きの人は右肩ばかりで荷物を持つことが多く、右肩に負荷がかかりすぎて下がり、両肩の位置がずれることがあります。

このように筋肉や脂肪が正しい位置からずれると、それにつられて骨格もずれ、見た目のスタイルにまで影響します。スリムな人でも、猫背や歩き方の癖があるとそれだけで不格好に見えてしまうのです。本来の魅力が姿勢の悪さによって隠れてしまいます。

**姿勢を意識して、丸まった背中を伸ばし、肩と胸に呼吸を広げてみましょう。**そうすることで、自然とおなかに力が入り、体幹が安定してきます。

その結果、見た目が引き締まるだけでなく、身体の内側から健康的な変化を感じることができるでしょう。これが「姿勢を整えるだけでスタイルがよく見える」理由です。

「ちょこピラ」は、骨格を整え、筋肉のバランスを改善するためのエクササイズです。特にインナーマッスル（身体の奥にある筋肉）を鍛え、体幹を安定させることを重視しています。これにより、無理なく自然に正しい姿勢を取り戻すことができます。

**姿勢を整えることは、単に見た目を美しくするだけではありません。それは、「なりたい自分」を実現するための大切な一歩**なのです。

心と身体はつながっています。落ち込んでいるときに伏し目がちになり、頭が下がって猫背になってしまうことがあるように、姿勢が心に与える影響はとても大きいのです。

姿勢が整うことで、自然と気持ちも前向きになり、「こうなりたい」という理想の自分に向かって進むエネルギーが湧いてきます。さらに、背筋を伸ばし、胸を張り、しっかりとした軸を意識するだけで、自信が生まれ、「わたしにもできる」という気持ちが強くなるはずです。

こうした小さな変化の積み重ねが、あなた自身を理想の姿へと導いてくれるのです。

姿勢を正すだけで、減量しなくても心と身体にこんなにもよい影響を与え、結果としてあなたにとっての「キレイ」を叶えることができるのです。

# ピラティスってどんな種類があるの？

## マットピラティスとは？

マットピラティスは、その名の通りマットの上で行うピラティスです。特別な機器を必要とせず、床にマットを敷くだけで実践可能なため、手軽さと継続のしやすさが魅力です。基本的な動きから始まり、体幹やインナーマッスル（深層筋）を鍛えることに重点を置きます。重力を活用しながら、自分の体重を負荷としてエクササイズを行うため、自然な動きで筋肉を鍛えることができます。

### マットピラティスのメリット

**手軽に始められる**

自宅やスタジオで気軽に取り組め、特別な道具を必要としない。

**基礎をしっかり学べる**

ピラティスの基本的な動きや呼吸法を身につけやすい。

**全身をバランスよく鍛える**

体幹や柔軟性を向上させ、日常の姿勢改善に役立つ。

**POINT!**

マットは、できればピラティス専用のものを使いましょう。厚みがあるので、身体を傷めずにすみます。マットがなければベッドの上で行ってもOKですが、グラグラして安定しにくいので注意。

# マシンピラティスとは？

マシンピラティスは、専用の器具（リフォーマー、キャデラック、チェアなど）を使用して行うピラティスです。マシンにはスプリングがついており、動作にサポートや負荷を与えることで、さらに効率的なトレーニングが可能です。特に、身体の動きをサポートする機能があるため、初心者やリハビリ中の方にも向いています。

## マシンピラティスのメリット

### サポート機能が充実

正しい動作を身につけやすく、初心者でも安心して取り組める。

### 負荷の調整が可能

スプリングを調整することで、筋力や体力に応じた負荷を設定できる。

### 多様なエクササイズが可能

マシンの種類や動きに応じて、全身の筋肉を効果的に鍛えられる。

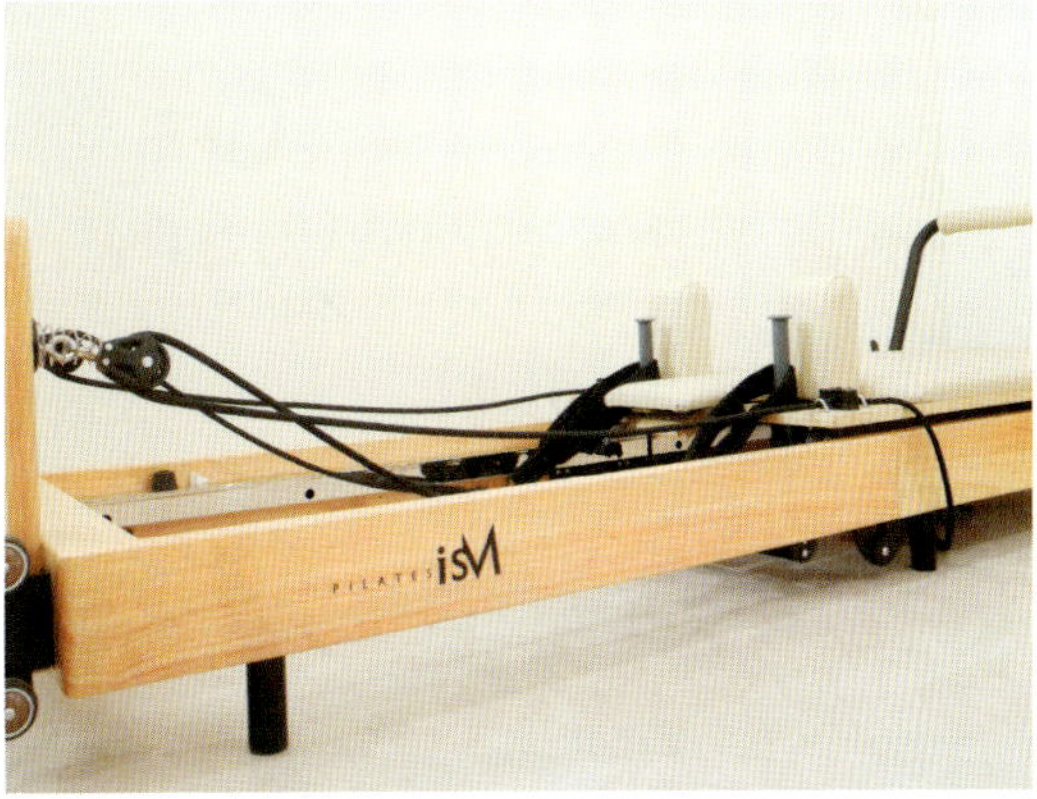


## どちらを選ぶべき？

マットピラティスは、手軽さや基礎を学びたい方に最適。一方で、マシンピラティスはピンポイントで筋肉を鍛えたい人やリハビリ中の方におすすめです。どちらも目的に合わせて選ぶことで、効果的にピラティスを楽しむことができます。

# ちょこピラを始める準備 Q&A

## Q1.

### ピラティスに必要なものは？

## A1.

**マット1枚あれば始められます！**

専用のピラティスマットを使えば、快適で安全にエクササイズができます。服装は動きやすければ何でもOK。こだわるなら伸縮性があり動きやすいピラティスウェアがおすすめ。動きをチェックしたい場合は、鏡を使うとより効果的です。

## Q2.

### カラダが硬いんだけど、大丈夫？

## A2.

**もちろん大丈夫！**
**むしろカラダが硬い方におすすめ！**

身体が硬い方ほどピラティスの効果を実感しやすいですし、柔軟性ではなく、骨や筋肉をしっかり動かしていくことが大切なので、身体の硬さは心配しなくて大丈夫です！

## Q3.

### どのタイミングでピラティスをやるべき?

## A3.

**基本的に「いつでも」!**
**おすすめは朝!**

基本的にいつでも行っていただけますが、朝がおすすめ。ただし、食後すぐは避けましょう。生活スタイルに合わせて無理なく行うことが、長続きのポイントです。

## Q4.

### どんな場所でやればいい?　家が狭くてもできる?

## A4.

**寝転べるスペースがあればOK!**

狭い部屋でも十分始められます。ベッドの上でも可能ですが、安定感を考えると床の上がおすすめです。必要なのは、ほんの少しのスペースだけです！

TECHNICAL TERMS

# ちょこっと 用語辞典

## 1. 正しい姿勢を整える用語

**【 ニュートラル 】**

骨盤が傾かず、
背骨が自然なS字カーブの状態。

**【 アライメント 】**

骨や関節が正しく並んでいる状態。

**【 ピラティススタンス 】**

かかとを合わせ、つま先をこぶし
1つ分開いたV字型のポジション。

**【 Cカーブ 】**

背骨や身体をCの字に丸める動作。
全体または腰椎部分のみを
使う場合がある。

**【 テーブルトップポジション 】**

あおむけで膝を90度に曲げ、
膝からつま先を床と並行にする
ポジション。

**【 ASIS（エーエスアイエス）】**

骨盤の前側にある左右の
出っ張り部分。姿勢確認の基準点。

## 2. 体幹（コア）を鍛える用語

**【 パワーハウス 】**

おなか周りの体幹（コア）のこと。

**【 スクープ 】**

おなかを引き込み、
体幹を安定させる動き。

**【 コア 】**

胸郭の下から骨盤にかけての
腹部全体で、
インナーマッスルを指す。

**【 ジップアップ 】**

かかとからみぞおちまで、
下からジッパーを締め上げるように
体幹を引き上げる意識。

**【 センタリング 】**

身体の中心（パワーハウス）に
意識を集中させる動き。

**ピラティスの基本用語をわかりやすく解説しています。
用語を知ることで動きや意味が理解しやすくなり、
ピラティスの楽しさと奥深さを感じられるはず。**

## 3. 背骨を意識する用語

**【 アーティキュレーション 】**
背骨をひとつずつ
動かすこと。

**【 ロールアップ 】**
背骨を丸めながら
起き上がる動き。

**【 ロールダウン 】**
背骨を丸めながら
前屈する動き。

**【 インプリンティング 】**
背骨を床に押し付け、
安定させること。

**【 エロンゲーション 】**
背骨や身体全体を長く伸ばす意識。
姿勢改善や動きの質を高める。

## 4. 土台の安定を意識する用語

**【 フレックス（背屈） 】**
足首を曲げ、かかとを押し出す動き。

**【 ポイント（底屈） 】**
足首からつま先までを
伸ばした動き。

**【 正中線 】**
鼻からおへそ、恥骨を通って、
かかとの間に下りる線のこと。

**【 アンカーリング 】**
身体を重たく安定させ、
土台を固定する動き。

**【 インナーマッスル 】**
身体の深い部分に位置し、骨や
関節の動きをサポートする筋肉。

**【 アウターマッスル 】**
大きな力を発揮して、
身体を動かしたり支えたりする
役割を担っている筋肉。

5 MINUTES A DAY BASIC A LITTLE BIT PILATES

# 1日5分！ 基本のちょこピラ・

TER 1

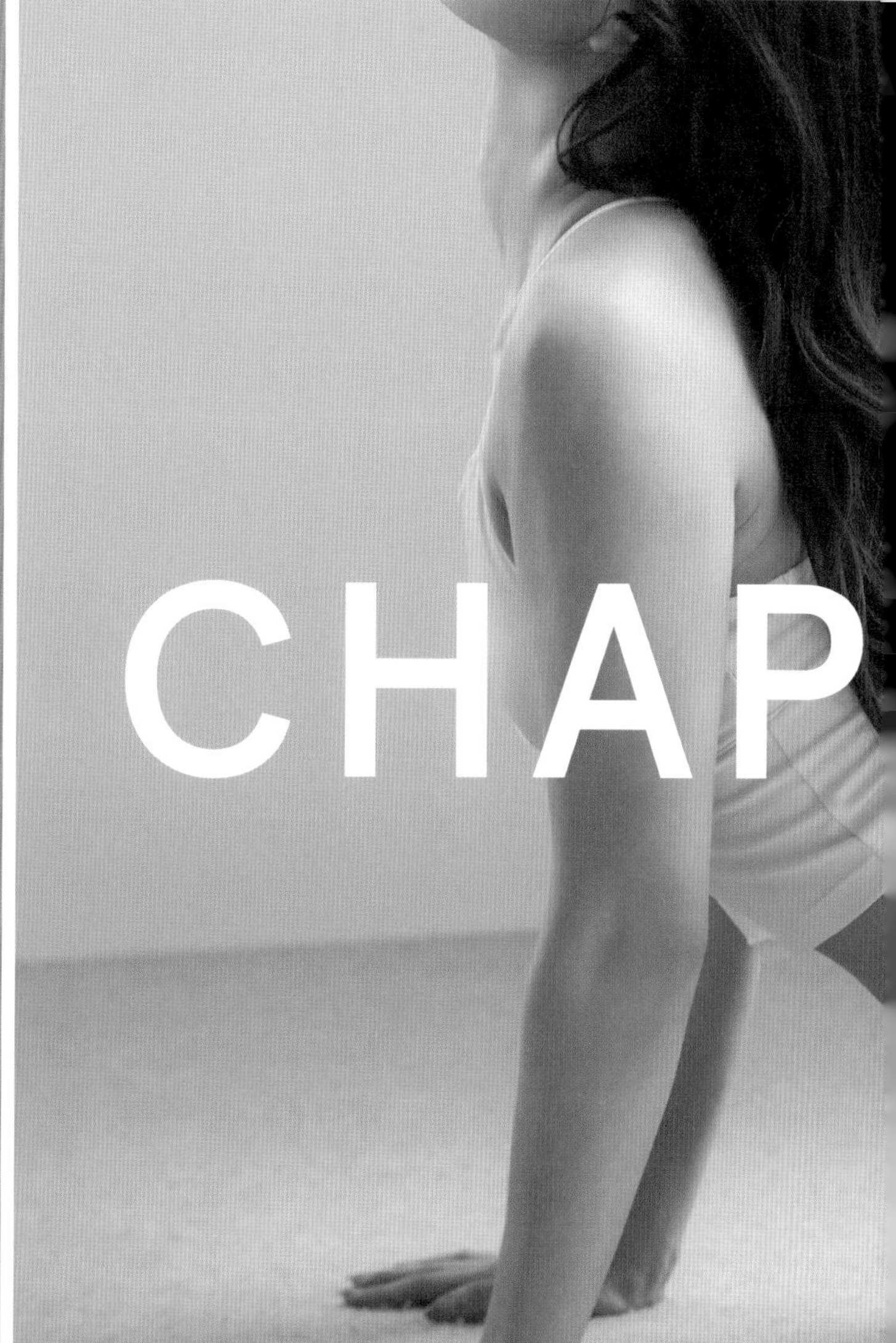


# エクササイズ・3選

EXERCISE BEST 3

# STEP 1: 呼吸 編

BREATHING

呼吸には「腹式呼吸」と「胸式呼吸」の2種類があります。
腹式呼吸は、おなかを膨らませたり、へこませたりして行う呼吸です。
胸式呼吸は、胸を広げて空気を吸い込みながら、おなかを引き締めるのが特徴です。

ピラティスでは「胸式ラテラル呼吸」を使います。「ラテラル」とは「広げる」という意味で、この呼吸は胸と脇を意識して空気を吸い込む方法です。吸うときに横隔膜が動いて肺の隅々まで空気が入り、吐くときに空気が胸から自然に出ていきます。
胸式ラテラル呼吸は、体幹(身体の芯)を鍛えるのに効果的です。また、元気を出したいときや、リラックスしたいときにもおすすめの呼吸法です。

## 【腹式呼吸】

**1. 姿勢を整える**
あぐらで座り、背筋を伸ばす。手をおなかに添えてリラックス。

**2. 鼻から息を吸う**
鼻からゆっくり息を吸い、おなかを膨らます。胸や肩は動かさないように意識。

**3. 口から息を吐く**
おなかをへこませながら、口からゆっくり息を吐く。手でおなかの動きを感じる。

**4. リズムを意識する**
吐く息を吸う息よりも長くして、ゆったりしたペースで繰り返す。

5〜10回

## 【胸式呼吸】

**1. 姿勢を整える**
あぐらで座り、背筋を伸ばす。片手を胸に、もう片方の手をおなかに添えてリラックス。

**2. 鼻から息を吸う**
鼻からゆっくり息を吸い、胸が膨らむのを感じる。おなかは動かさず、胸だけが動くように意識。

**3. 口から息を吐く**
胸が元の位置に戻るように、口からゆっくり息を吐く。胸の動きを手で確認。

**4. リズムを意識する**
胸の動きを意識しながら、リズムよく呼吸を繰り返す。

5~10回

## 【胸式ラテラル呼吸】

**1. 姿勢を整える**
あぐらで座り、背筋を伸ばし肩の力を抜く。両手を肋骨に軽く添え、胸周りの動きを感じる準備をする。

**2. 鼻から息を吸う**
鼻からゆっくり息を吸い、肋骨が左右に広がる感覚を意識。胸全体が外側に膨らむように感じるのがポイント。

**3. 口から息を吐く**
口からゆっくり息を吐き、肋骨が元の位置に戻るのを感じる。吐く息に集中。

**4. リズムを意識する**
呼吸を繰り返し、肋骨の動きがスムーズになるまで繰り返す。

5~10回

# STEP 2: 姿勢 編

POSTURE

## ちょこピラの「基本姿勢」とは？

ピラティスで最も重要な基本姿勢が「ニュートラルポジション」です。骨盤と背骨が自然なカーブを保ち、身体に無理な力が入らないバランスのとれた姿勢を指します。この姿勢を正しくとることで、エクササイズの効果を最大限に引き出し、身体の不調を改善することができます。

## ニュートラルポジションのつくり方

**1. 骨盤のニュートラル**
あおむけで膝を立て、腰の下に手のひら1枚分の隙間をつくる。腰を反らさず、押し付けすぎないようにする。

**2. 背中のニュートラル**
肩甲骨が軽く床に触れるようにし、胸が自然に広がった状態を保つ。胸を張りすぎたり、背中を丸めすぎないように注意。

**3. 首のニュートラル**
頭を床につけ、首の後ろに自然なカーブをつくる。あごを上げすぎたり引きすぎたりせず、リラックス。

このニュートラルポジションの姿勢は、体幹を正しく使い、エクササイズの効果を最大限に引き出すポイントです。以下の5つのポジションもあわせて覚えておきましょう！

POINT!
腰骨と恥骨が床と平行になるように

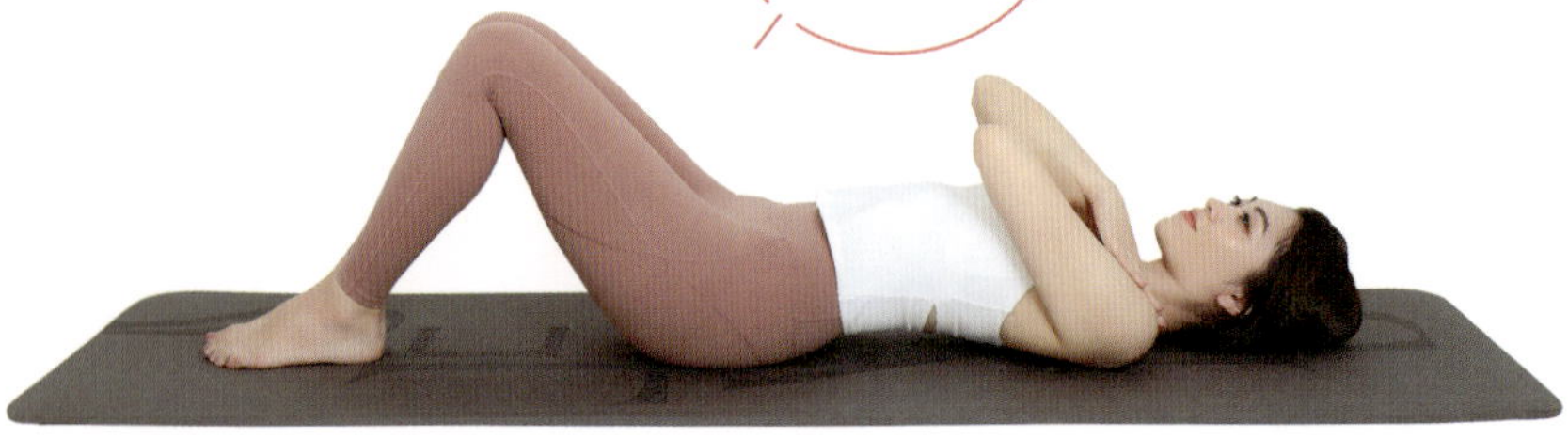

# 基本の
# ちょこピラ姿勢5つ!

正しい姿勢は、エクササイズの効果を引き出す鍵です。
姿勢を整えることは、身体への負担を減らし、筋肉を効率的に
使えるようになるため、ケガを防ぎながら安心して取り組めます。
エクササイズを始める前に、まず姿勢をチェックしましょう!

## 1. あおむけ

**1. 姿勢をセット**

あおむけに寝て、膝を立て、足を腰幅に開く。腕は体の横に置き、手のひらは下。

**2. ニュートラルを確認**

腰の下に手のひら1枚分の隙間をつくり、肩をリラックスさせ、胸を自然に広げる。あごを軽く引き、首に自然なカーブをつくる。

## 2. うつぶせ

腰を
反りすぎないよう
に意識

**1. 姿勢をセット**
床にうつぶせになり、両脚は腰幅に広げてリラックス。

**2. 姿勢を整える**
両手を顔の前に重ね、その上におでこを置く。

## 3. よつばい

**1. 姿勢をセット**
両手と両膝を床につけ、よつばい。手は肩の真下、指を軽く広げる。膝は骨盤の真下、腰幅程度に開く。

**2. 姿勢を整える**
背中をまっすぐにして、おなかを軽く引き上げる。首を伸ばし、目線は床の少し先に。

背中を反りすぎ
ないように注意

## 4. あぐら

背中を反りすぎ
ないように注意

**1. 姿勢をセット**
あぐらで座り、お尻を安定させ、骨盤をニュートラルに。

**2. 姿勢を整える**
背筋を伸ばし、胸を開いて肩リラックス。あごを軽く引き、首と背骨をまっすぐに保ちます。

## 5. レストポジション

肩や首は
リラックス

**1. 姿勢をセット**
膝を床につけ、お尻をかかとに乗せる。上半身を前に倒し、腕を前に伸ばす。

**2. 姿勢を整える**
おでこを床に軽くつけ、背中と腰を伸ばし、全身をリラックス。

# STEP 3: 背骨の柔軟性 編

SPINE

## 「若さは背骨の柔軟性で決まる」

## 若く、健康で生きるための鍵

これはピラティスの創始者、ジョセフ・ピラティス氏の言葉です。この教えの根拠は、解剖学的、機能的、そして健康面からも説明できます。

### 1 背骨の役割

背骨は、身体を支える柱であり、全身をつなぐ中心的な役割を果たしています。柔軟な背骨があると、身体がスムーズに動き、姿勢も美しく保たれます。

### 2 神経と血流のサポート

背骨が柔らかいと、神経が圧迫されず、身体全体に信号が正しく伝わります。また、血流がよくなり、身体の隅々に酸素や栄養が行き渡ります。これにより、身体が活力に満ち、健康が保たれます。

### 3 動きの若々しさ

背骨が硬いと動きがぎこちなくなり、年齢を感じさせます。一方、柔軟性があれば軽やかでなめらかな動きができ、若々しい印象を与えます。

### 4 呼吸の質の向上

背骨がしなやかだと肋骨の動きもスムーズになり、深い呼吸ができるようになります。深い呼吸は心身をリフレッシュさせ、活力を与えます。

*

背骨の柔軟性は、姿勢や動きだけでなく、全身の健康や若々しさにもつながります。ピラティスで背骨をしなやかに保つことは、心身ともに健康で活き活きとした人生を送るための鍵です。

3〜5回

背骨をしなやかにするエクササイズ

# ペルビック・カール

＼POINT／

- 背骨をひとつずつていねいに動かすことを意識。
- ゆっくりと無理のない範囲で。

1

あおむけに寝て膝を曲げ、脚をこぶし1つ分開く。骨盤ニュートラルの姿勢（54ページ参照）で息を吸う

2

息を吐きながら骨盤を後ろに傾け、背骨を下から順に持ち上げる。

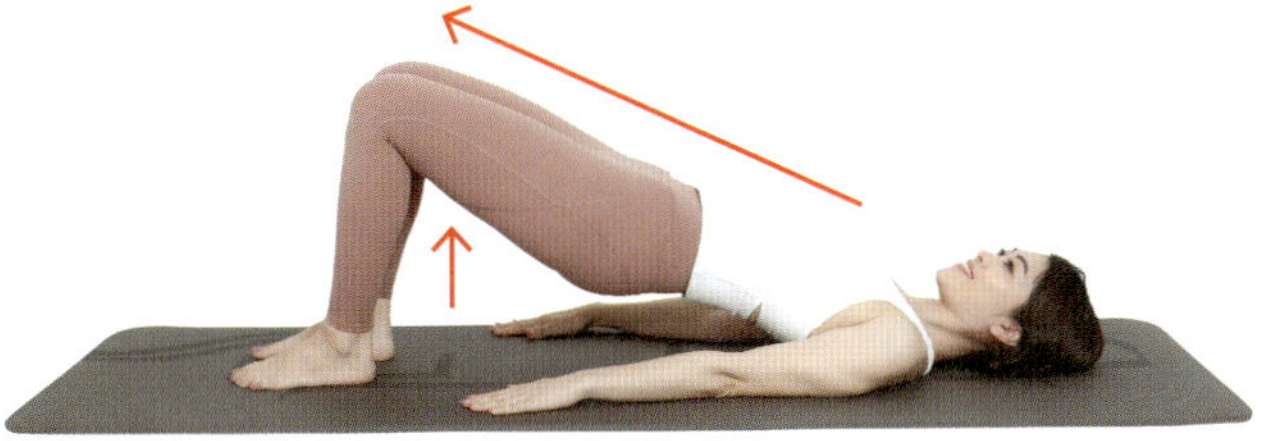

3

息を吐き続けながら、ひざと肩のラインが斜め一直線になるまで上げ、上がったら息を吸う。

4

息を吐きながら、背骨を上から順にゆっくりと床に戻していく。

TER 2

# お悩み別!
# コンプレックスを解消する

25 A LITTLE BIT PILATES

# ちょこピラ・25選

TO RELIEVE COMPLEXES

動画も
CHECK!

おなか編

# ぽっこりおなかをなくしたい

## ダブルレッグストレッチ

腹筋の力で両脚を持ち上げ、股関節から脚を上下させることで、おなかを引き締める

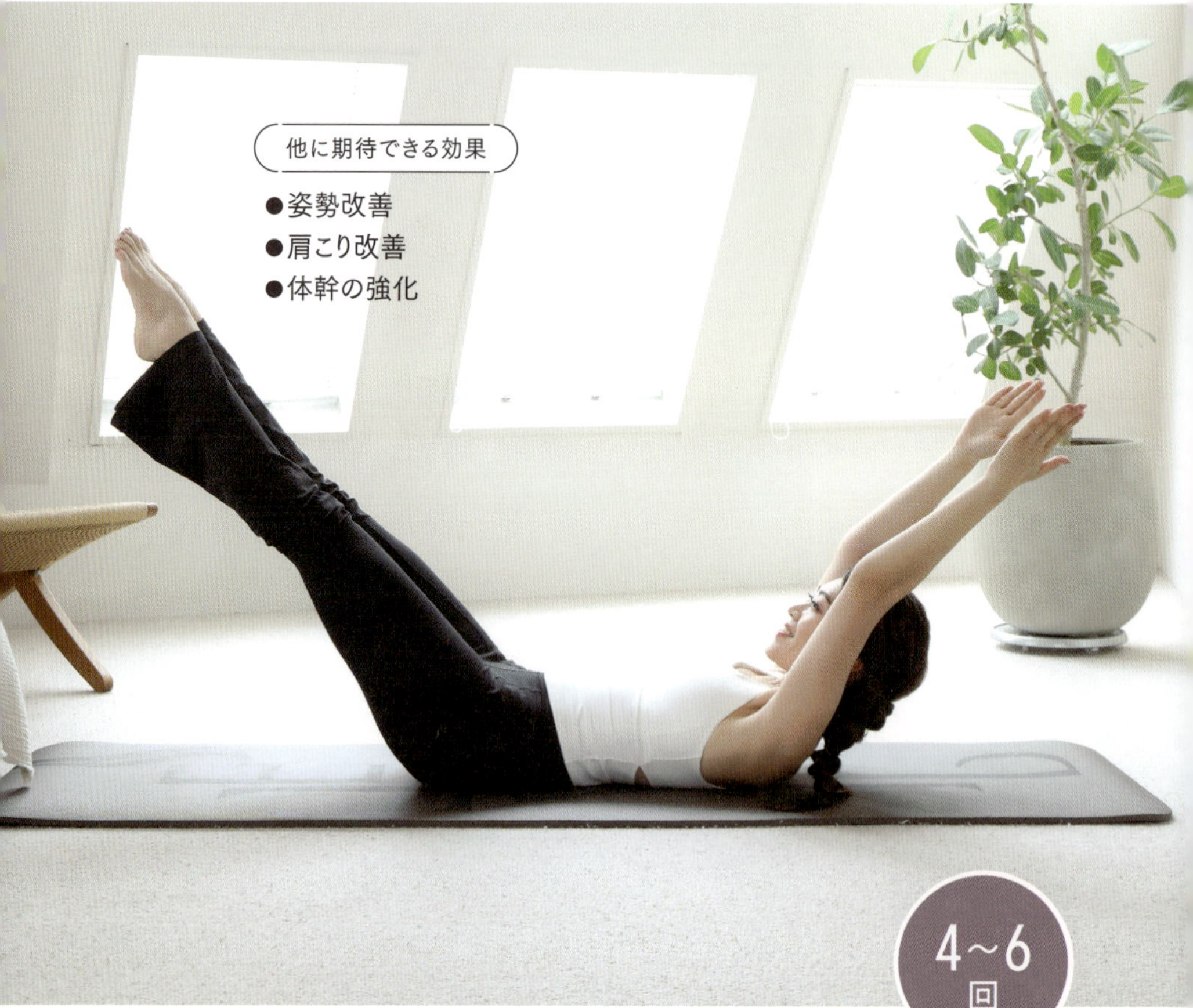

他に期待できる効果

- 姿勢改善
- 肩こり改善
- 体幹の強化

4~6回

✓ おなかに意識を向けてしっかり息を吐き、
腹横筋を活性化させる

## 1

あおむけになり膝を立て、足裏を床に。手は体の横に置き、腰を反らさずおなかを軽く引き締める。

## 2

頭を持ち上げ、あごを引き、背中を丸める。両手は膝の横。肩リラックス。吐きながら肋骨を閉じる。

## 3

息を吸いながら背中を丸めたまま、両腕と両脚を斜めに伸ばす。内ももは閉じたまま。

## 4

吐きながら、手で半円を描くように動かし膝の横に戻す。おなかを引き締め、体幹と骨盤は安定したまま。

動画も
CHECK!

おなか編

# 腹筋に縦筋を入れたい

## ハンドレッド

リズミカルな呼吸で腹部を刺激し、腹筋を引き締めて縦筋を際立たせる

他に期待できる効果

- 体の冷えを改善
- 姿勢改善
- ストレスの緩和

吸う5回
吐く5回
×
10セット

- 腰が反らないように おなかを引き込み、体幹を安定させる
- 肩がすくまないよう 注意し、首はリラックス
- 深い呼吸を保ち、リズムよく動作を行う

## 1

あおむけになり膝を立て、足裏を床に。手は体の横に置き、腰を反らさずおなかを軽く引き締める。

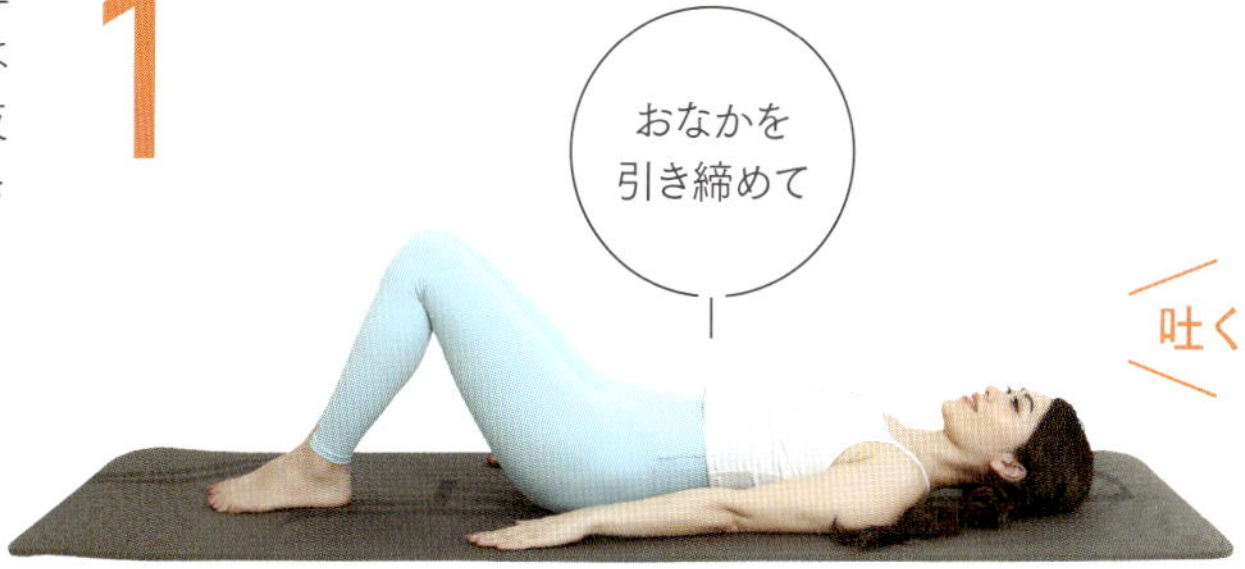


## 2

片脚ずつ持ち上げ、太ももを床と垂直に、すねを床と平行に、両手はまっすぐ上。

## 3

息を吐きながら頭と肩を持ち上げ、手を5cmほど浮かせる。手を小さく上下に動かす。

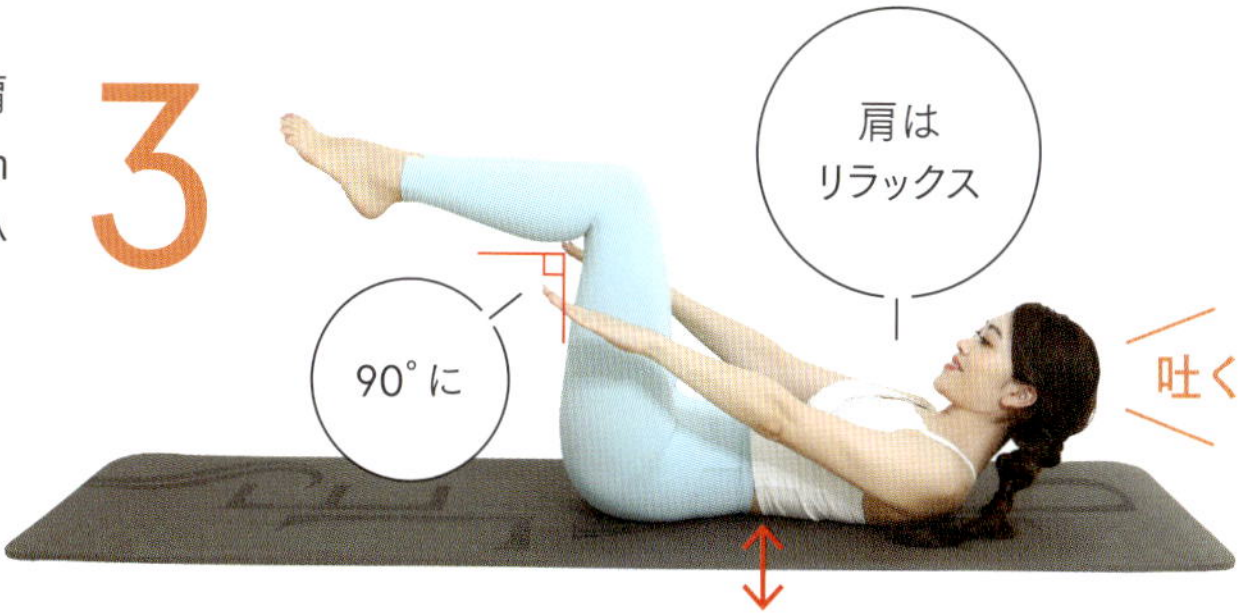


## 4

5回パンプしながら息を吸い、次の5回パンプしながら息を吐く（1セット）。このリズムで繰り返す。

動画も
CHECK!

おなか編

# マシンを使ってみよう

## ハンドレッド

**リズミカルな呼吸で体幹を安定させ、
腹部全体を効果的に刺激する**

吸う5回
吐く5回
×
10
セット

- 脚は腹部で支えられる高さに伸ばす
- パンプするとき、キャレッジの揺れは小さくする

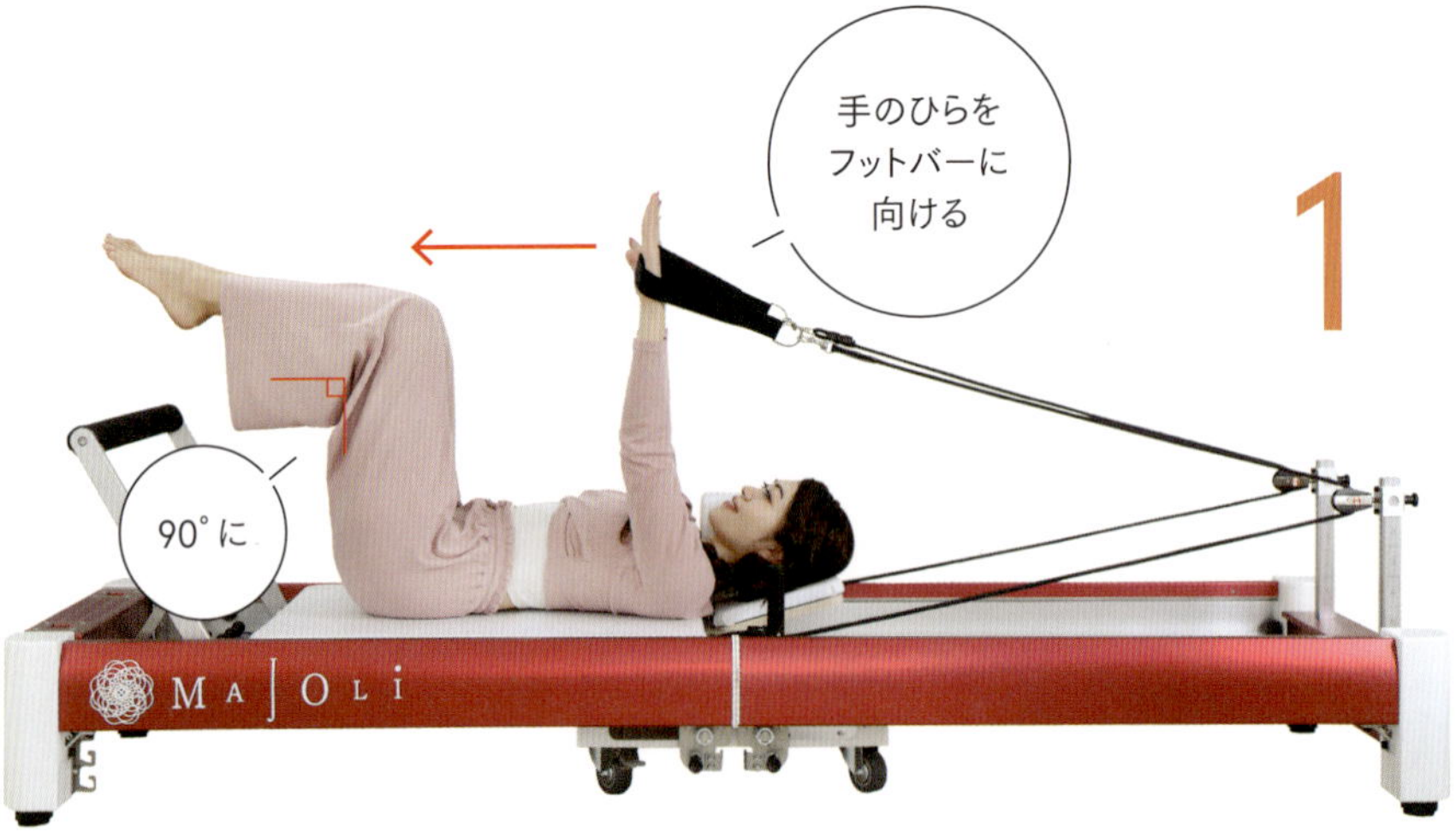


キャリッジの上であおむけに。ストラップを手に掛け、足でフットバーを押し、脚を90度に持ち上げる。

2

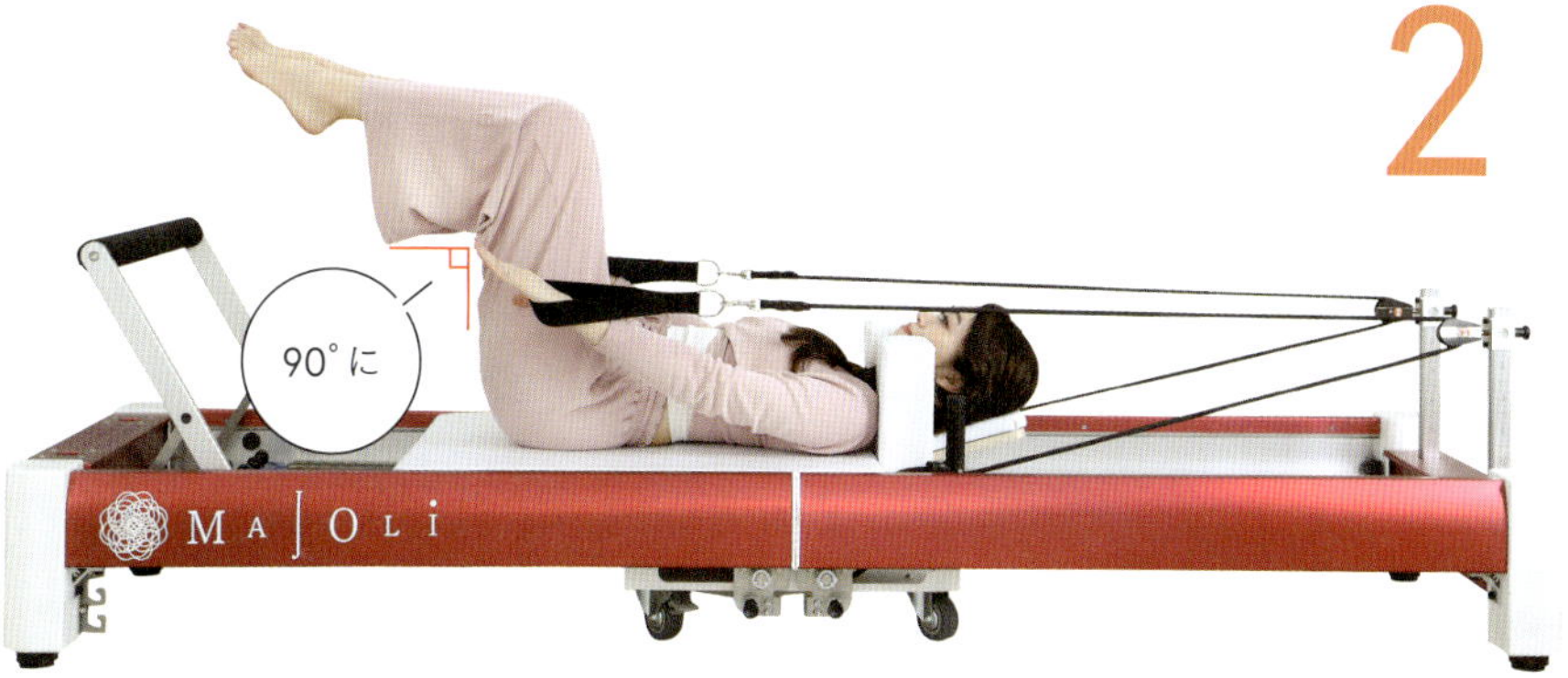


息を吐きながら頭と胸を持ち上げ、胸を丸める。腕はキャリッジと平行に。

3

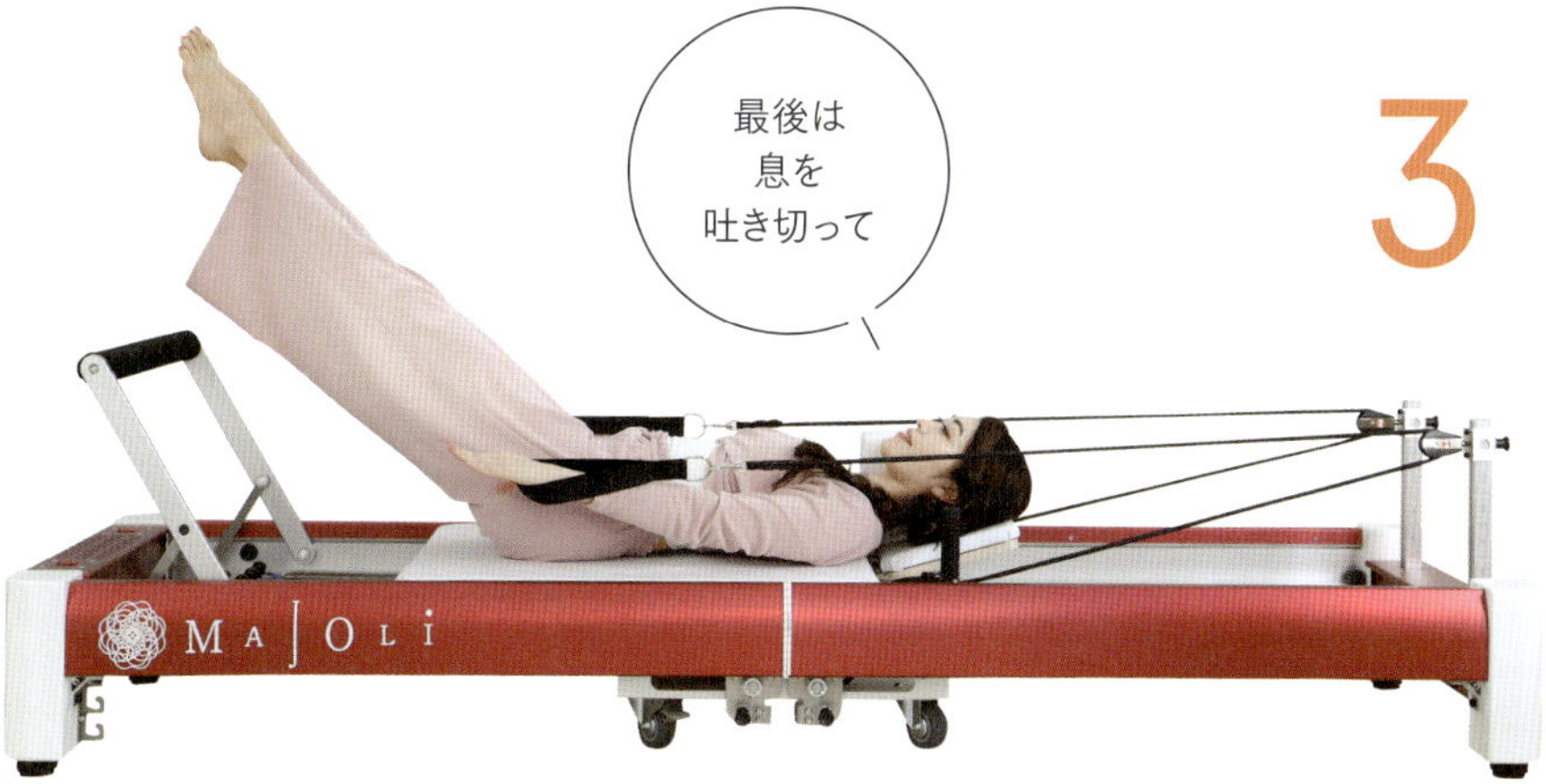


両脚を斜め45度の高さに伸ばし、キープして息を吸う。吐く息で腕を5回パンプ、吸う息も同様に。

動画も
CHECK!

デコルテ編

# ストレートネックを治したい

## スワン

首と背中をなめらかに動かすことで、背中と首の筋肉を鍛える

他に期待できる効果

- 腰痛の改善や緩和
- 背中の引き締め
- 猫背の改善

1~3回

- 腰を反らせず、胸椎だけを動かすことを意識する
- 首や肩に余計な力が入らないように

1

うつぶせの基本姿勢。吐く息で、肋骨とおなかを引き込む。

吐く

2

首をまっすぐにして、鼻先をマットの近くに。手は胸の横、手のひらはマット。肘を軽く体に寄せる。

おへその下を
5mmほど
浮かせて

3

息を吸いながら、首から順にゆっくり胸まで背骨を反らせる。腰は反らさないこと。

胸の動きに
集中
吸う

4

息を吐きながら、胸から順に首まで戻し、上体をマットに下ろす。

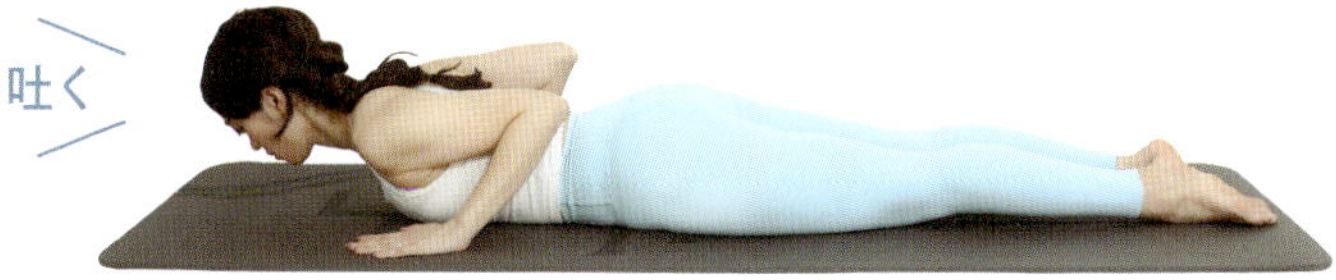
吐く

動画も CHECK!

デコルテ編

# 巻き肩を治したい

## キャットストレッチ

肩周りや背中の固まった筋肉をほぐして肩甲骨の可動域を広げ、
胸を開くことで巻き肩の改善につながる

他に期待できる効果

- 腹筋の強化
- 肩こりの緩和
- 姿勢改善

4~6回

✓ 背骨をひとつずつ動かす感覚で、ていねいに行う

1

よつばいになり、手は肩の下、膝は骨盤の下に置く。背中をまっすぐにし、首はリラックス。

2

息を吐きながらおなかを引き込み、背中を丸める。頭を軽く下げて、目線をおなかに向ける。

吐く

猫が背伸びをするように

3

息を吸いながら背骨を反らせて胸を開く。尾骨を後ろに引き、首を長く保ちながら目線は少し前。

腰を無理に反らさない

4

1のよつばいの姿勢に戻る。

動画も
CHECK!

デコルテ編

# なで肩を治したい

## シュラッグス＆ローテーション

肩甲骨周りの筋肉を強化することで肩と肩甲骨の動きを改善し、
背筋が伸びて胸が開くことで、なで肩をスッキリ解消する

他に期待できる効果

- 肩こりの緩和
- 背中の引き締め
- 猫背の改善

1&2
3&4
5~10
回ずつ

- 動作中は背筋を伸ばし、骨盤を安定させたまま行う
- 呼吸と動きを連動させることで、リラックス効果が高まる

## 1

あぐらの基本姿勢。背筋をまっすぐ伸ばし、肩と腕をリラックス。指先はマットに向ける。

吐く

## 2

息を吸いながら肩を耳に近づけゆっくり引き上げる。息を吐きながら、肩を完全に脱力。これを繰り返す。

吸う

## 3

両腕を横に広げ、手のひらは上。肘を90度に曲げる。吸いながら、手を後ろにゆっくり回す。

吸う
90°に

## 4

息を吐きながら手を前に回し、体の前でクロス。肩甲骨を軽く広げるよう意識。

吐く
首と肩は
リラックス

動画も
CHECK!

デコルテ編

# 肩こり・四十肩を治したい

## ヘリコプター

肩甲骨を動かして血流を促し、可動域を広げて肩の緊張を和らげ、
肩こりや四十肩を軽減する

他に期待できる効果

- 腹筋の引き締め
- 股関節の柔軟性向上
- 腰痛や骨盤周りの不調の改善

左右
5
回

背骨に意識を向け、なめらかに動かす

## 1

膝を曲げて足幅をこぶし1つ分に開く。両腕を肩の高さまで上げ、肘を軽く曲げて指先を合わせる。

## 2

息を吐きながら、下から順に背骨をゆっくり丸め、背中を丸くする。一度大きく息を吸う。

## 3

息を吐きながら背骨を意識して上体をひねり、腕を大きく開く。

## 4

息を吸いながら元の姿勢に戻り、反対側も同様に行う。左右交互に5回ずつ繰り返す。

動画も
CHECK!

デコルテ編

# 背中をキレイにしたい

## ローリング・ライク・ア・ボール

背中の筋肉を刺激し、姿勢を改善して背中を引き締める

他に期待できる効果

- 腹筋の強化
- 反り腰改善
- 背中のマッサージ

5回

おなかの力を抜かず、腹筋をしっかり使って動作をコントロール

背骨を丸めた姿勢（Cカーブ）を崩さないように

## 1

膝を立て、脚を閉じて座る。膝の外側から足首をつかむ。足を体に引き寄せ、坐骨でバランスをとる。

## 2

片脚ずつ持ち上げ、足を床から浮かせる。つま先とかかとを閉じたまま膝を軽く開く。体を安定させる。

肘と膝を
軽く押し合う

## 3

吐く

息を吸い、吐きながらおなかを引き込み、下腹を引き締め、Cカーブをつくって背骨を丸めた姿勢を保つ。

肩甲骨を
寄せる
イメージ

## 4

吸う

吸いながらおなかを引き込み、骨盤を後ろに倒し、背骨を丸めながら転がる。吐いて2に戻る。

頭がマットに
つかないように

動画も
CHECK!

デコルテ編

# 猫背を治したい

## スイミング

体幹を安定させることで背筋を鍛え、猫背を改善する

他に期待できる効果

- 腰痛改善
- 肩こりの緩和
- 腹筋の強化

吸う&吐く各5~8回 × 3~5セット

- 腰を反らないように注意し、体幹の安定を保つ
- 動作をゆっくり行い、全身の伸びを意識する

1

うつぶせの姿勢から手を前に伸ばす。恥骨でマットを軽く押し、骨盤を安定させる。

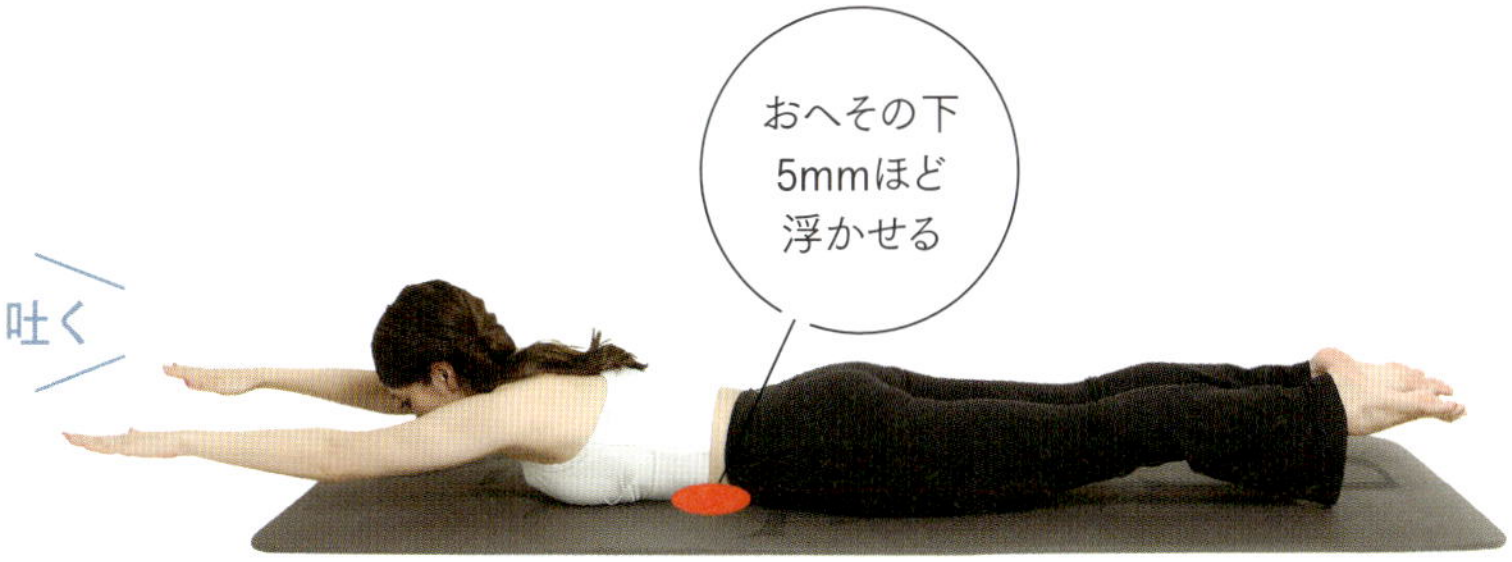
吐く
おへその下
5mmほど
浮かせる

2

息を吸い、吐きながらおなかを引き込み、肩甲骨を下げる。顔と腕を軽く浮かせ、首はまっすぐ。

指先と
つま先で
引っ張り合う
ように
吸う

3

息を吸いながら、肩甲骨を下げ、右腕と左脚を遠くに伸ばし持ち上げる。全身を伸ばす。

下腹を
引き込む

4

息を吐きながら、腕と脚を長く伸ばしたままゆっくり下ろす。体幹を安定させたまま行う。

動画も
CHECK!

デコルテ編

# マシンを使ってみよう

## ローイングバック

背中と胸の筋肉をバランスよく鍛え、肩を開きながら姿勢を整えて
デコルテラインを引き立たせる

4〜6
回

- 肘は肩の延長線上でキープして、肩が上がらないように
- ロールアップ時は股関節屈筋群を意識して、スムーズに起き上がる

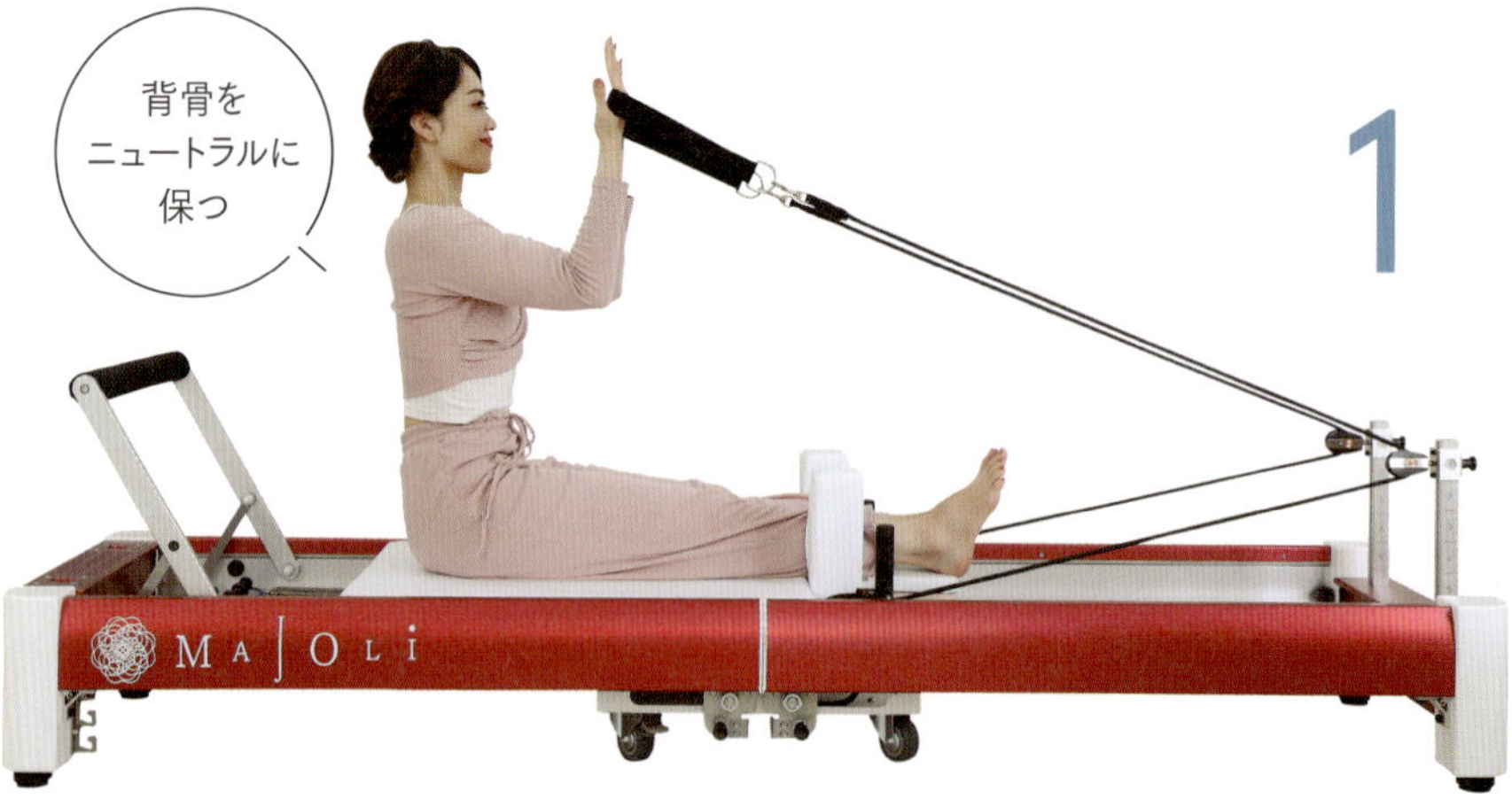


1

キャリッジの中央に座り、脚をショルダーレストの間に伸ばす。ストラップを両手に、手のひらを顔に向けて腕を床と平行に。膝は無理なく伸ばす。

＼吸う／

この姿勢を
保ちながら
息を吸う

2

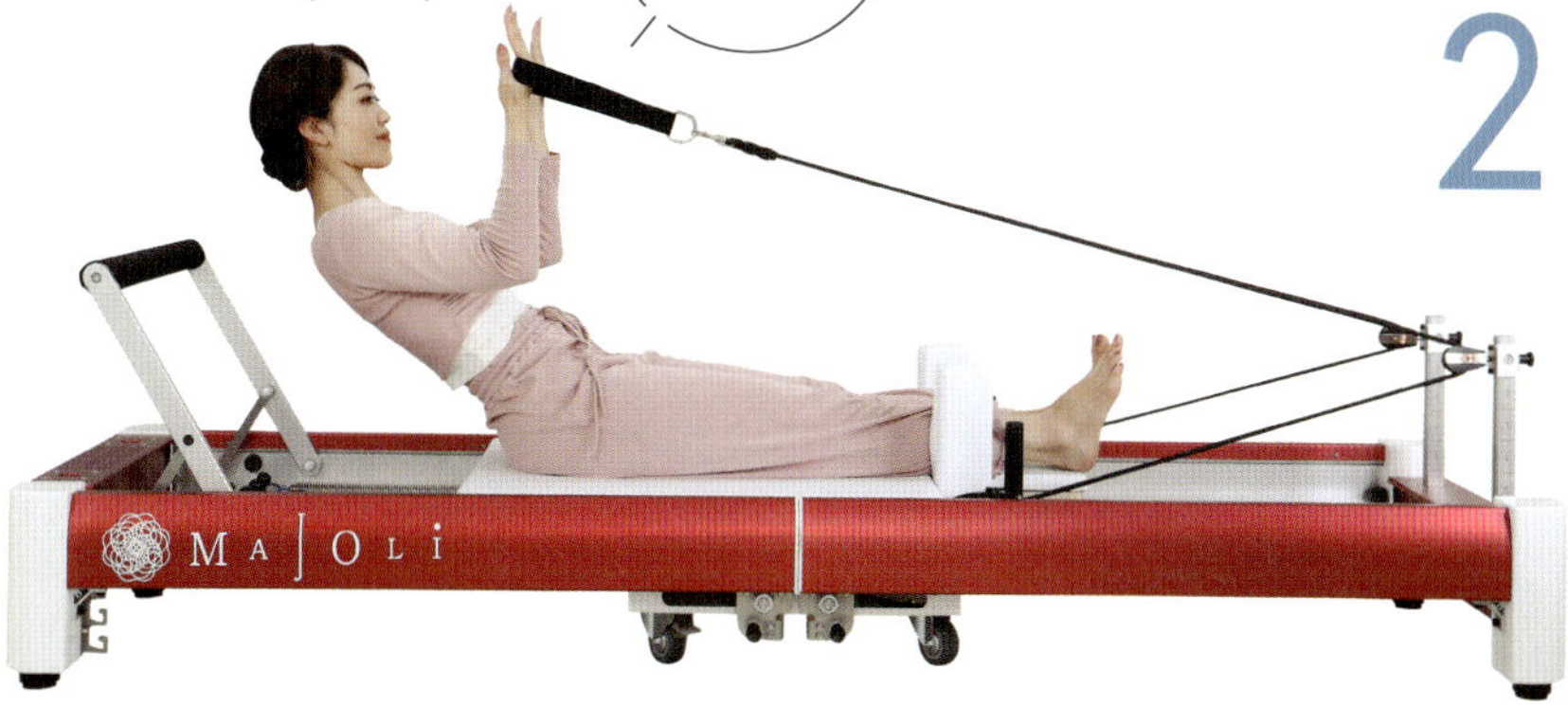


息を吸い、肘を90度に曲げて肩の延長線上でキープ。吐きながら骨盤を後ろに傾け、腰までロールダウン。

3

＼吐く／

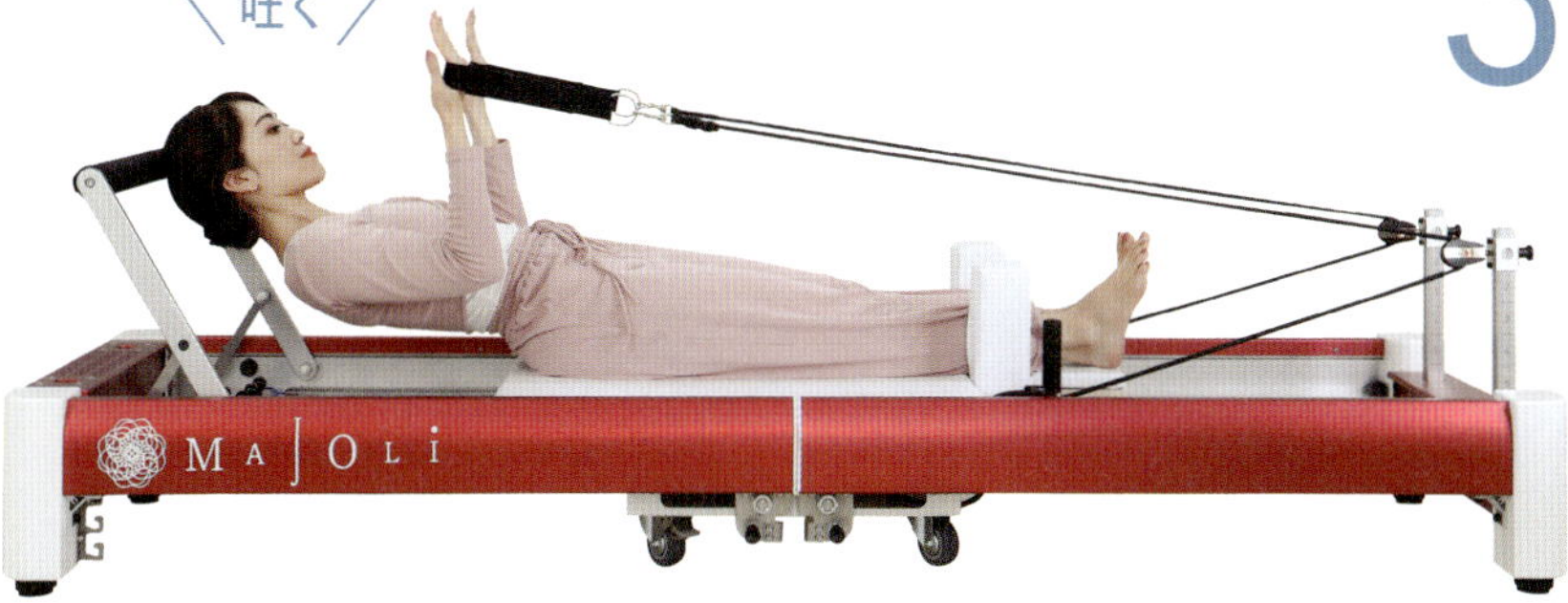


息を吐きながらロールアップして起き上がり、1に戻る。

動画も CHECK!

胸編

# バストアップしたい

## ショルダーローテーション

**胸周りの筋肉を活性化させ、血流を促してバストアップにつなげる**

他に期待できる効果

- 肩こりの緩和、肩甲骨周りの筋肉のリラックス
- 姿勢改善
- リラクゼーション効果によるストレス解消

左右 3~5 回

- 動作中に肩がすくまないよう注意し、首は長く保つ
- 腹部を軽く引き締め、腰が過度に反らないように

## 1

うつぶせの姿勢。息を吐きながらおなかを引き込む。両腕を体の横に伸ばし、手のひらを下に向ける。

吐く

## 2

息を吸い、肩甲骨を寄せながら両腕を持ち上げる。右腕を上、左腕を下に半円を描きながら肩を動かす。

吸う

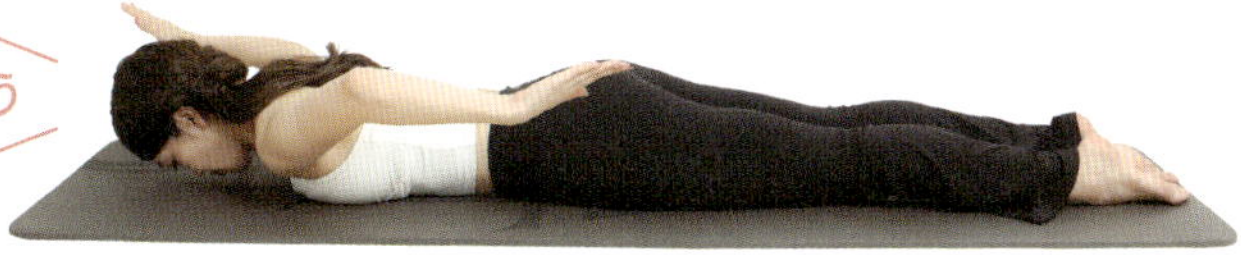

## 3

息を吐きながら両腕を頭の後ろに回し、指先をつかむ。肘を引っ張り合うようにしっかり伸ばす。

吐く

## 4

反対側も同様に行い、3～5回繰り返す。指先をつかむのが難しい場合は、指先を合わせるイメージで。

動画も CHECK!

腕編

# 二の腕のたるみを治したい

## サイド・ベンド

二の腕の筋肉をしっかり使ってたるみを改善し、スッキリしたラインをつくる

他に期待できる効果

- 体側の柔軟性と引き締め効果
- 体幹の強化とバランスの向上
- 全身の姿勢改善とリラックス効果

左右5回

- おなかを引き締めて体幹を安定させ、腰が反らないように
- 動作はゆっくりと行い、体が揺れないようコントロール
- 肩に力を入れず、首を長く保つ

体を横にひねり、片腕、骨盤の側面、下の脚で体を支える。手は骨盤と反対方向に向けて安定させ、上の脚は膝を曲げて固定。

1

息を吸いながら手で体を支え、ゆっくりお尻を持ち上げる。

2

お尻をさらに持ち上げ、膝と上の腕をまっすぐ伸ばし、上の腕は体側に沿わせて遠くへ伸ばす。

3

動画も
CHECK!

腕編

# マシンを使ってみよう

## アームサルート

上腕三頭筋を効果的に刺激し、たるみを改善して引き締まった二の腕をつくる

4〜6
回

- 動作中に肋骨が前に突き出ないように意識する
- 肩がすくまないように肩甲骨を軽く下げて維持する
- 肩に違和感がある場合、腕を伸ばす高さを調整して無理をしないように

1

フットバーに向かって長座で座る。ストラップを両手にかけ、手を顔の横に持ち上げ、指先を斜め上に向ける。

2

吐きながら、肘を斜め上に伸ばし、腕をまっすぐにする。吸いながら肘を曲げ、1に戻る。

# ちょこっと解剖学＋哲学

## その1: 骨格のお話

骨格は、わたしたちの身体を支え、内臓を守り、姿勢や動きに大きく影響を与える「フレーム」の役割を担っています。骨格が正しく整っていると身体に無理な負担がかからず、筋肉や関節が効率よく機能します。つまり、骨格は日常生活や運動において姿勢を保ち、身体をしなやかに動かすための土台となるのです。

骨格が歪むと筋肉のつき方がアンバランスになり、動きに左右差が生じることがあります。ピラティスを通して、骨格の歪みや不均衡を整え、正しいポジションに導くことができます。これによって動きがスムーズになり、身体全体の安定性が向上します。しなやかで安全な動作が可能になり、日常生活やスポーツでのパフォーマンスも高まります。

健康な骨格系は、２０６個の骨、無数の靭帯、そして軟骨によって構成されています。骨は身体を支える柱としてだけでなく、重要な器官を守り、筋肉と連携してわたしたちの身体を自在に動かす役割も担っています。これらの骨は、頭蓋骨、脊柱、胸郭、四肢といった各部に分かれ、それぞれが異なる役割を果たしながら、全体としてバランスのとれた構造をつくり上げています。

### ＼ヒトの骨格／

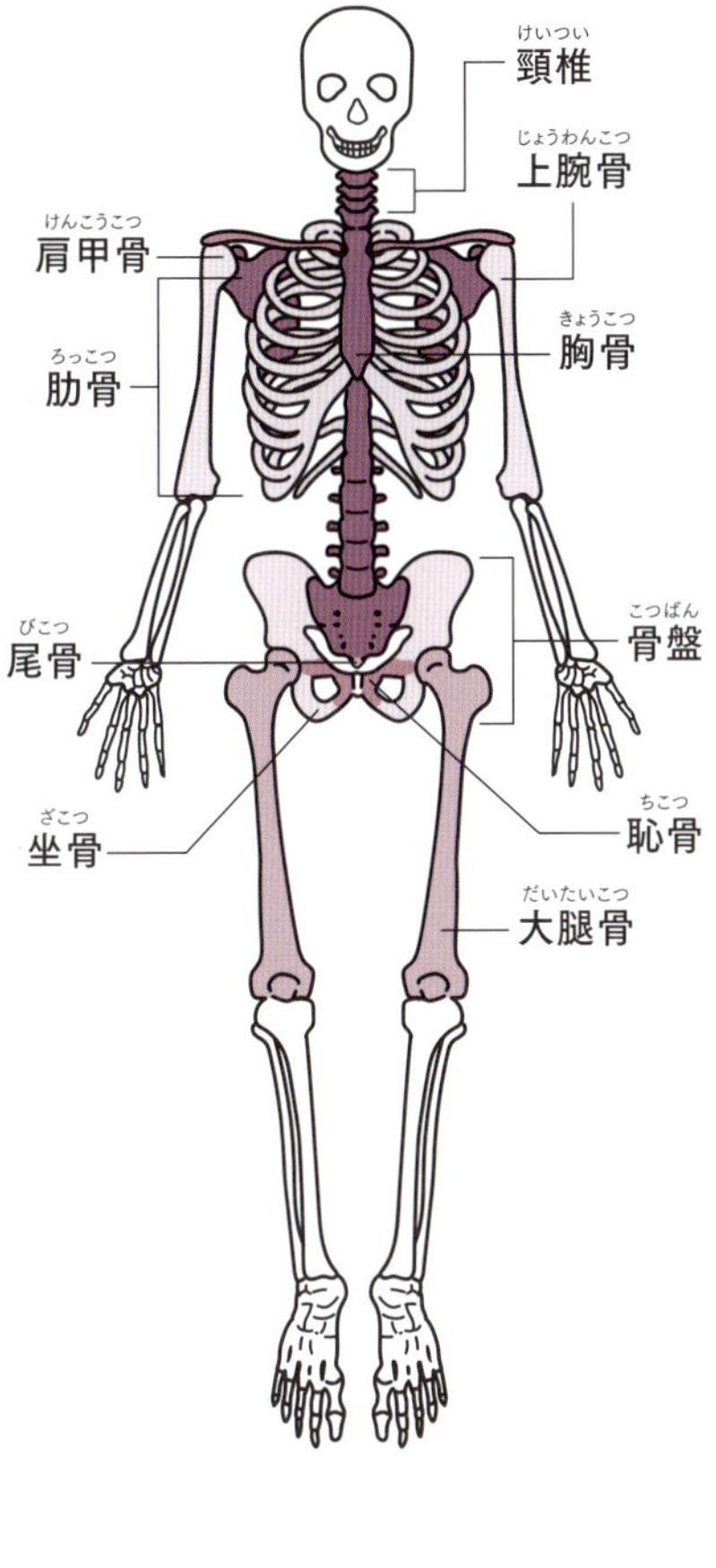

# 骨格を構成する要素

骨格の配置がわずかに崩れるだけで、
姿勢や動作に影響が出やすくなり、肩こりや腰痛、疲れやすさなどの不調に
つながります。ここで、骨格を構成する要素を見てみましょう。

## 靭帯

靭帯は、骨と骨をつなぎ、関節を安定させる役割を担っています。ゴムのような弾力を持ち、関節が適度に動くことを助けながら、動きすぎを防いでいます。

たとえば、膝や足首などの関節を支える靭帯は、関節の動きを調整し、わたしたちが無理なく歩いたり、体重を支えたりできるようにサポートしています。

## 骨

骨は、わたしたちの身体を構造的に支えています。長骨（腕や脚の骨）、短骨（手首や足首の骨）、扁平骨（頭蓋骨や肩甲骨）、不規則骨（脊椎の骨）など、形状によって分類され、各々が異なる機能を果たしています。

## 骨の形状による分類

【椎骨《ついこつ》】

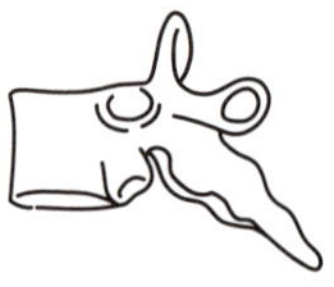

不規則骨《ふきそくこつ》

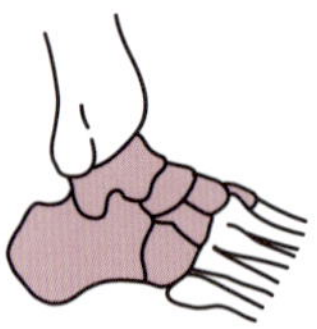

短骨《たんこつ》

【上顎骨《じょうがくこつ》】

含気骨《がんきこつ》

【頭頂骨《とうちょうこつ》】

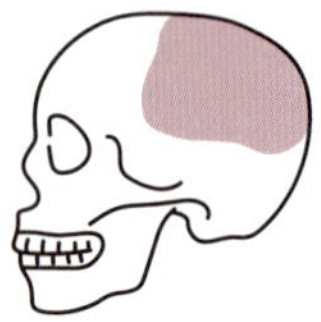

扁平骨《へんぺいこつ》

## 軟骨

軟骨は、関節の末端にあり、骨同士の摩擦を和らげる役割を果たします。また、弾力性があり、関節がスムーズに動くのを助け、衝撃を吸収します。

軟骨が健康であることで、身体を動かしても関節に過度な負担がかかることなく、スムーズな動きを保つことができます。軟骨は加齢や過度の使用で摩耗しやすい部分でもあり、関節の健康を維持するために重要です。

骨格系の各要素が健康でバランスよく機能することによって、わたしたちの身体は姿勢を保ち、しなやかで安定した動きを維持できます。ピラティスのエクササイズでは、骨や関節、靭帯に無理な負担がかからないように身体を整え、骨格の健康を守ることを重視します。

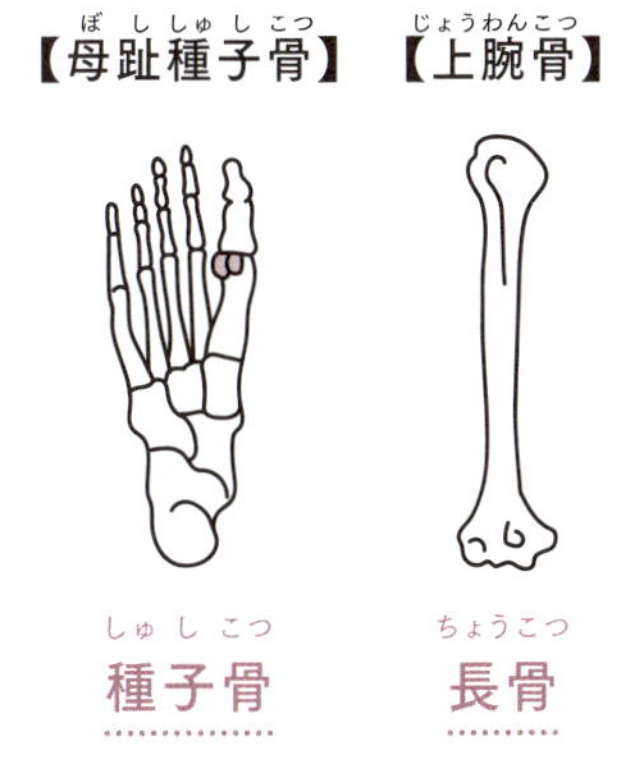
【母趾種子骨《ぼししゅしこつ》】
【上腕骨《じょうわんこつ》】
種子骨《しゅしこつ》
長骨《ちょうこつ》

### 横幕真理流・ちょこっと哲学！
### 骨格を整えれば人生も整う

「骨格を整えること」は、人生で考えると「夢を描くこと」。それが、あなたのなりたい自分を創っていきます。

骨格は、わたしたちの身体を支え、動きをスムーズにし、内臓を守る大切なフレームです。同じように、人生における「夢」は、あなたの生き方を支え、進むべき道を示すフレームのようなもの。夢が明確でしっかりと描かれていれば、どんな困難に直面しても軸を失うことなく進むことができます。そして、その夢が心の中で輝いている限り、どんな状況でも、未来を信じる力が湧いてくるのです。

ピラティスで骨格を整えるように、まずは「心から望むなりたいわたし」を描きましょう。その夢があれば、迷いなく新しい道を歩むことができ、あなたの可能性は無限大に広がります。

「夢を描くこと」は「New Me」――新しいわたしへの第一歩。それが「あなたの明日」を創ることにつながり、あなたの未来が輝いていくのです。

動画も
CHECK!

腰編

# 腰のたるみを治したい

## ソー

体をひねりながら前屈する動きで、腰周りの筋肉を引き締める

他に期待できる効果

- ウエストの引き締め
- 姿勢改善
- 肩こりの緩和

左右3回

- 坐骨を均等に床につけ、骨盤が動かないように意識
- 背骨をひとつずつ動かす感覚で、なめらかに回し、丸め、戻す
- 吸う息でツイスト、吐く息で前屈など、動きと呼吸を連動

腰を反らせ
すぎない

# 1

長座で座り、両手を肩の高さで横に広げ、手のひらは内側。両脚は腰幅より広めに開き、つま先を立てる。

吸う
膝が
動かないよう
注意

# 2

息を吸いながら胸を左に回す。坐骨とかかとで均等にマットを押し、膝が動かないよう注意。

吐く
両腕は
前後に
引っ張り合う
ように

# 3

吐きながら首から背骨を丸めて前屈。右手を左足の外側に近づけ、左小指を上に向けて伸ばす。

吸う

# 4

息を吸いながら腰から背骨を順に戻し、息を吐きながら正面に体を戻す。

動画も
CHECK!

腰編

# 腰痛を治したい

## スパイン・ストレッチ

**背骨をひとつずつていねいに動かし、腰周りの筋肉をほぐして腰痛を和らげる**

他に期待できる効果

- 猫背改善
- 姿勢の改善
- 体幹強化

5回

- 背骨をひとつずつ動かす感覚を意識し、なめらかな動きを心がける
- 背中を丸めるときは、おなかをしっかり引き込んでCカーブをつくる

## 1

長座で座り、両手は肩の高さで伸ばし、脚は腰幅より少し広めに開いてまっすぐ伸ばし、つま先を立てる。

## 2

息を吐きながら背骨をひとつずつ丸め、背中を軽く丸める。手のひらを脚の間に置いて準備。

## 3

息を吐きながら、腕を遠くに伸ばす。手で床を押し、おなかを引き込みながら背中を丸める。

## 4

息を吸いながら体を起こし、両手を肩の高さで前に伸ばし、元の姿勢に戻る。5回繰り返す。

動画も
CHECK!

お尻編

# ピーマン尻を治したい

## リバース・プランク

**お尻を持ち上げる動きで臀筋をしっかりと刺激し、ピーマン尻から丸みのある桃尻へ**

他に期待できる効果

- 猫背改善
- 巻き肩改善
- 二の腕のたるみ改善

3~5回

✓ お尻が下がらないようにし、肩から足首までの一直線を意識する

✓ 両手でしっかり床を押し、肩がすくまないように注意する

## 1

坐骨を床につけ、背骨を上下に引き伸ばして両膝を立てる。肩を開き、両手を体の後ろに置く。

手の指先は
足の方向、
手1枚分
後ろに

## 2

脚をまっすぐ伸ばし、つま先も遠くに伸ばす。両手のひらで床を押しながら胸を開く。

吸う

## 3

吐きながら手で床を押し、お尻を持ち上げる。胸を広げ、首をリラックス。10秒ほどキープ。

目線は
天井か少し前
吐く
肩から足首まで
一直線を意識

動画も
CHECK!

お尻編

# 平らなお尻を桃尻にしたい

## クラム

お尻の筋肉を刺激することで平らなお尻に丸みを出し、立体的で引き締まったお尻に

他に期待できる効果

- 脚痩せ
- 腰痛改善
- 体幹の強化

左右
10〜12
回

- 動作中、骨盤が傾かないように体幹を意識する
- 膝の開閉時は、股関節の動きを感じながらていねいに行う
- 動作を急がず、筋肉をコントロールしながら行う

## 1

床に横座りし、膝を軽く曲げて体を安定させる。手で床を押さえ、膝と足を揃えてくっつける。骨盤が傾かないように。

## 2

吐きながら、上の膝をゆっくり開く。かかとは合わせたまま、股関節を動かして膝を持ち上げる。

## 3

息を吸いながら膝をゆっくり閉じる。これを10〜12回繰り返し、反対側も同様に行う。

動画も
CHECK!

お尻編

# マシンを使ってみよう

## ランジストレッチ

**お尻の筋肉を集中的に鍛え、ヒップラインを引き締める**

3~5回 × 左右2セット

- 骨盤の高さが左右に傾かないよう注意
- 筋肉をしっかり意識してキャリッジをコントロールする
- 肩をすくませず、首はリラックスさせた状態

骨盤を正面に向け、おなかを引き上げる
膝は足首の真上

1

片足をキャリッジに乗せ、膝を曲げる。反対の足はフレームを跨いで床に置く。

2

骨盤の
高さを保つ

前の足首をフレックスにしてかかとで床を押す。前の膝を伸ばし、キャリッジを動かす。

3

もも裏の
ストレッチを
感じる

腕でフットバーを押しキャリッジを遠くに動かす。伸びきったら前の膝を曲げ、キャリッジをゆっくり戻す。

動画も
CHECK!

脚編

# 脚を細くしたい

## シングルレッグストレッチ

股関節や太ももの筋肉をバランスよく鍛えながら体幹を安定させ、
スッキリした美脚ラインをつくる

他に期待できる効果

- 腹筋の強化
- 姿勢改善
- 股関節の柔軟性アップ

左右1回 × 4~6セット

- 腰が浮かないよう、おなかを引き締めて骨盤を安定
- 脚の動きは股関節から行い、背骨や肩が動かないよう注意
- 呼吸を意識して動作と連動させる

1

あおむけになり、膝を曲げて足を坐骨幅に開く。

2

片脚ずつ持ち上げ、膝を曲げ、太ももを床と垂直にする。

3

骨盤をニュートラル
肋骨を閉じておへそを引き込む

頭と肩を持ち上げ、首と胸の上を丸める。両手で左膝を挟むように触れ、右脚を斜め45度に伸ばす。

4

手は膝を挟むように
体を安定させて肩リラックス

息を2回吐きながら右脚を遠くに伸ばす。息を2回吐きながら脚を入れ替え左脚を伸ばし、手を右膝に移動。

動画も
CHECK!

脚編

# X脚やO脚を治して、脚をまっすぐにしたい

## ショルダーブリッジ

**太ももの内側と外側、そしてお尻の筋肉をバランスよく鍛えて筋肉の偏りを整える**

他に期待できる効果

- ヒップアップ
- 腹筋強化
- 背中の引き締め

左右1回 × 5セット

お尻を持ち上げすぎると、
首や腰に負担がかかるので注意

あおむけの姿勢。足裏をマットにつけ、膝を曲げて足を坐骨幅に開く。

1

息を吸い、吐きながら骨盤を引き上げるように腰を少しずつ持ち上げる。お尻を締めて骨盤安定。

2

片脚をまっすぐ伸ばし、つま先は天井。体が揺れないよう注意し、つま先まで意識して伸ばす。

3

吐きながら、伸ばした脚をゆっくり床ギリギリまで下ろす。吸いながら脚を天井に戻す。

4

動画も
CHECK!

脚編

# マシンを使ってみよう

## レッグリフト・サイド

**内ももを集中的に鍛えながら骨盤と体幹を安定させ、**
**脚全体のバランスを整えて美脚効果を高める**

左右
4～6
回

- 腰ではなく腹部で脚の重さを支える。脚は少し前に出してもOK
- フットバー上の脚が痛い場合は、タオルなどを挟む

1

キャリッジの上で横向きに寝て、下の腕は肘を曲げる。上の脚はフットバー、下の脚はフットバーの下。

骨盤と背骨を
ニュートラル

2

吐きながら下の脚を持ち上げる。吸いながら下の脚を少し浮かせた状態までゆっくり下ろす。

腹部の力で
脚を支える
ように

# ちょこっと解剖学＋哲学

## その2：背骨・骨盤のお話

### 背骨について

背骨（脊柱）は、首から腰までの部分で、体を支える重要な柱です。7個の頸椎（首）、12個の胸椎（背中）、5個の腰椎（腰）、そして骨盤の一部である仙骨から構成されています。それぞれの骨は椎間板や靭帯でつながり、スムーズに動けるようになっています。ここで、背骨の主な働きを見てみましょう。

背骨のつくり

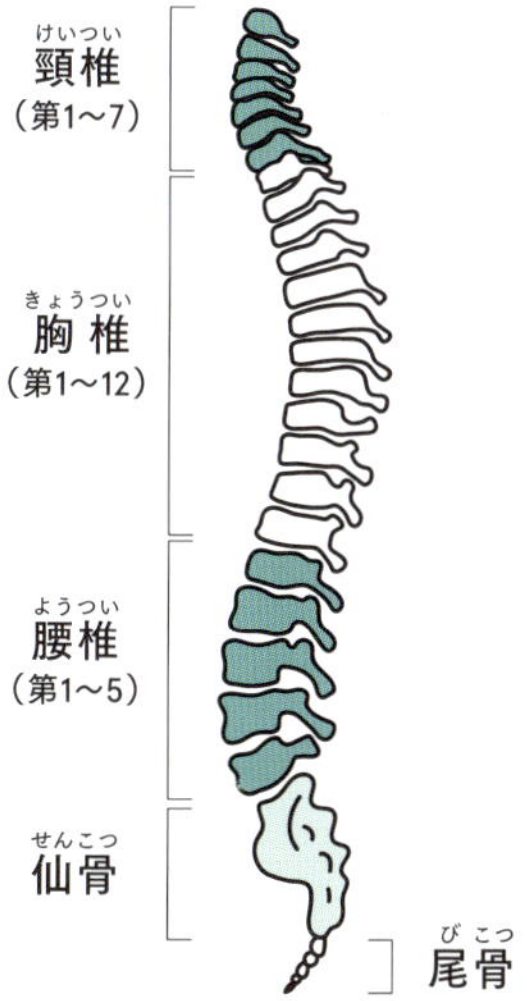


#### 頸椎（けいつい）

**首の動きの要**

頸椎は7つの骨で構成され、頭を前後左右に動かす役割があります。

ピラティスでのケア：呼吸と連動しながら首を長く保つことで、緊張を緩め肩こりを予防します。

#### 胸椎（きょうつい）

**呼吸を助ける背中の骨**

胸椎は12個の骨からなり、肋骨と連携して呼吸をサポートします。

ピラティスでのケア：背中を広げるようなエクササイズで胸郭を柔らかくし、深い呼吸を促します。

#### 腰椎（ようつい）

**体を支える力強い骨**

腰椎は5つの骨で構成され、体重を支える重要な役割を担っています。

ピラティスでのケア：腰を反りすぎないニュートラルポジションを意識することで、腰痛を予防します。

#### 神経を守る

背骨の中には脊髄という重要な神経が通っており、手足の動きや感覚、内臓の働きを調節しています。

#### 動きをスムーズにする

背骨が柔軟に動くことで、前後や左右に体を曲げたり、ねじったりできます。

#### 体を支える

背骨は、わたしたちの体幹をしっかりと支える土台です。

## ちょこっと解剖学＋哲学

ジョセフ・ピラティス氏は、こう語っています。

「You are only as young as your spine is flexible.（あなたは、背骨の柔軟性がある分だけ、若い)」

背骨の柔軟性は、若さそのもの。背骨が硬いと、どんなに若くてもエネルギーを失ったように感じます。一方で、たとえ60歳でも背骨がしなやかなら、内側から輝く若々しさを保つことができます。

背骨を整えることは、自分を大切にすること。ピラティスを通じて背骨の健康を育むことで、本来の美しさと活力が引き出され、よりハッピーに過ごせるはずです。

しなやかな体の動きには、背骨の柔軟性が欠かせません。インナーマッスルが弱いと背骨が動かず、可動域が狭まり、体が思うように動かなくなります。それを改善するために、ピラティスでは背骨を一つひとつ動かす「アーティキュレーション」を行います。この練習でインナーマッスルが鍛えられ、体を楽に自由に動かせるようになります。

### 横幕真理流・ちょこっと哲学！ すべての動きの中心となるパワーハウスとは？

わたしたちが手や足を動かせるのは、筋肉と骨が連動しているからです。その中心となるのが「パワーハウス」（コア）と呼ばれるエリアで、腹部から骨盤にかけての身体の中心部分で、横隔膜・腹横筋・多裂筋・骨盤底筋の４つの筋肉で身体の中心を支えています。

体を動かす際、まずパワーハウスで背骨と骨盤を安定させることが重要です。これができていないと体に負担がかかり、動きがぎこちなくなったり、ケガの原因になることもあります。ピラティスではパワーハウスを安定させるエクササイズを通じて、負担を減らし、体をより楽に動かせるようにしていきます。

「すべての動きの中心となるパワーハウス」――それは人生における「心と体の土台」ともいえます。ピラティスでパワーハウスを鍛えることは、体の安定をつくり出し、動きをスムーズにする鍵です。同じように、人生でも土台が整っていれば、どんな変化にも柔軟に対応でき、挑戦する力が生まれます。

たとえば、自分を支える「信念」や「健康」は、人生という舞台でのパワーハウスです。この土台が安定していれば、どんな状況でも揺るがず、新しい一歩を踏み出せるでしょう。そして、新しい挑戦が「未来の自分を創る」ステップになるのです。

# 骨盤について

骨盤とは、お尻や腰まわりを支えている骨のこと。骨盤は「身体の中心を支える」という重要な役割を果たしています。骨盤は、３種類の骨で構成されています。お尻の中央部にある「仙骨」、その先にある「尾骨」、大きな2枚の「寛骨」です。寛骨は、さらに3つの骨に分かれています。「腸骨」「恥骨」「坐骨」です。骨盤の上には背骨（脊椎）があり、下には大腿骨がつながっています。人間は直立で歩くため、骨盤は上半身の体重を支え、足からの衝撃を吸収するクッションのような役割を果たします。つまり、骨盤は「体のバランスを保つ土台」としてとても重要な骨なのです！

骨盤のつくり

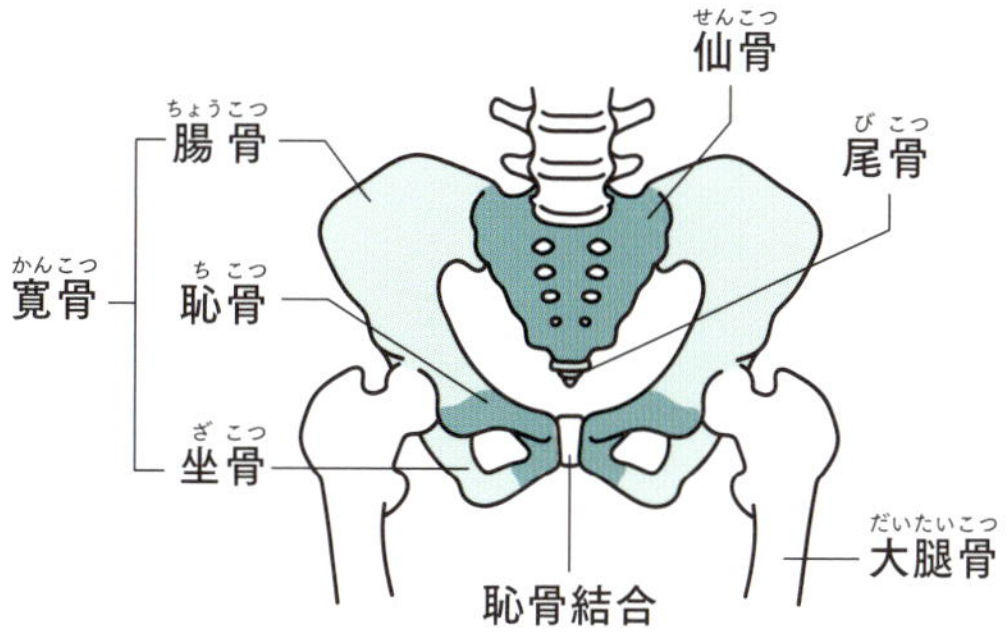


POINT!

骨盤が喜ぶと、カラダもココロも笑顔に！

実は、骨盤の硬さや歪みは、肩こりや腰痛だけでなく「最近疲れがとれない……」なんて不調の原因かも。ピラティスでは、骨盤周辺を整えながら、全身をスムーズに動かす練習をします。姿勢がキレイになるだけでなく、身体が軽くなって気分もアップ！毎日のちょっとしたケアで「骨盤美人」を目指しましょう。

動画も
CHECK!

全身編

# 疲れがとれにくい

## プッシュアップ

筋力と持久力を向上させることで代謝を上げ、疲れがとれやすい体質へ導く

他に期待できる効果

- ●バストアップ
- ●肩こり解消
- ●腰痛予防

2回 × 1~3セット

- プッシュアップ時に背中が丸くならないよう、体を一直線に
- 後ろに歩くとき、太ももの裏が心地よく伸びる感覚を意識
- 吸う息で肘を曲げ、吐く息で押し上げるなど、呼吸を忘れずに

1

マットの端に坐骨幅で立つ。ニュートラルポジションを意識。

2

両手を体の横に置き、首から順に背骨を丸めてロールダウン。手のひらをマットにつけ、3〜4歩前に歩く。

3

手首が肩の真下、かかとがつま先の真上。頭からかかとまで一直線を保つ。背骨と骨盤をニュートラル。

4

吸いながら体を床に近づけ、吐きながら肘を伸ばして体を持ち上げる。この動作を2回繰り返す。

5

お尻を高く上げ、腰を上に向けて身体を安定させ、ハムストリングを伸ばす。3〜4歩、手で後ろに歩き、尾骨から背骨を順に積み上げてロールアップし1に戻る。

動画も
CHECK!

全身編

# 便秘を治したい

## マーメイド・ストレッチ

体側を伸ばしながらウエストをひねる動きで、腸の動きを活性化する

他に期待できる効果

- ウエストの引き締め
- 体側のストレッチ
- リラックス効果

左右
2~3
回

- 坐骨をマットにつけて、骨盤が傾かないように注意
- 肋骨を閉じ、胸が前に出ないようにする
- 呼吸と動きを連動させ、ゆっくりコントロールする

1

正座からお尻を右側に下ろし、右脚を抜いて左脚の太ももに足裏をつけ、体を安定させる。

2

息を吸いながら、左腕を、肩を上げないよう注意して天井に向かって伸ばす。

3

吐きながら、首から順に体を横に倒してウエストを伸ばす。吸いながら戻り、吐いて腕を下ろす。

4

反対でも2と3を行い、一度正座に戻ったらお尻を左側に下ろし、同じ動きを反対側で行う。

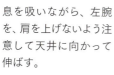

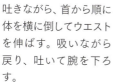

動画も
CHECK!

全身編

# よく眠れない・寝つけない・寝起きが悪い

## ロールアップ

背骨をひとつずつ動かすことで副交感神経を活性化し、心身をリラックス状態に導く

他に期待できる効果

- 反り腰の改善
- おなかの引き締め
- 腰痛改善

3~5回

- 背骨をひとつずつていねいに動かし、なめらかにロールアップ＆ダウン
- スクープを保ちながら腹筋を使い、腰を反らさないように
- 動作と呼吸を合わせ、リラックス

1

脚をまっすぐ伸ばし、内ももを閉じる。息を吸い、吐きながらおなかを引き込む。両腕は天井。

つま先を伸ばしてもOK

吐く

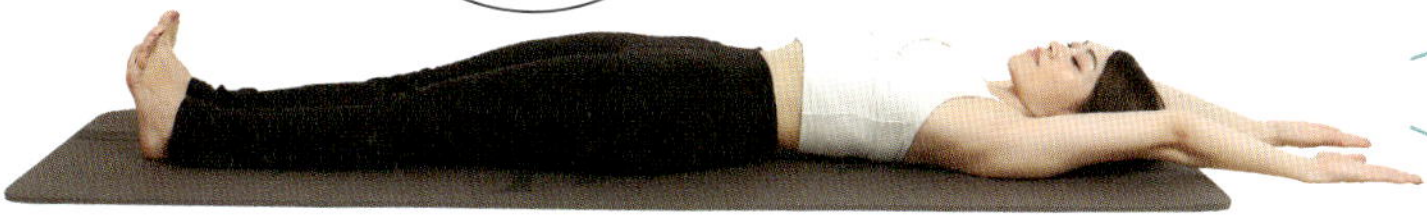

2

吸いながら軽くあごを引く。吐きながら背骨をひとつずつなめらかにマットから離してロールアップ。

吸う

3

おなかを引き込み、恥骨を上に向けながら前方へ体を伸ばす。背中を長く保ち、屈曲姿勢を維持。

背中は丸いまま

4

吐きながら背骨をひとつずつマットにつけてロールダウン。両腕は頬の横。肋骨を閉じ肩と体幹を安定。

吐く

背中を長く

動画も
CHECK!

全身編

# マシンを使ってみよう

## マーメイド

体側を伸ばしながら深い呼吸を行って自律神経を整え、
穏やかな動きでストレスや緊張を解きほぐして心身をリラックスさせる

4〜6
回

- 肩は上がらないように注意
- 坐骨はなるべくキャリッジから浮かないように動く

1

キャリッジの上に横向きで座り、フットバー側のすねは前、反対はショルダーレストに当てる。

## 2

肩の延長線上に腕を伸ばし、片手をフットバーに軽く置く。吸いながらキャリッジを動かす。

## 3

側屈して体側をしっかり伸ばす。フットバーに置いた腕が床と平行になるまでキャリッジをスライド。

動画も
CHECK!

メンタル編

# 集中力が続かない

## オープン・レッグ・ロッカー・プレップ

バランスとコントロールを向上させることで、集中力アップにつながる

他に期待できる効果

- バランス力アップ
- コントロール力の向上
- 背中の筋力アップ

左右・両脚
10
秒ずつ

両脚をテーブルトップに戻し、
片足ずつ床に下ろす

## 1

脚を肩幅に開き、かかとを体に引き寄せる。股関節を曲げ、両手でそれぞれの足首を外側からつかむ。

## 2

坐骨の後ろでバランスをとり、片脚ずつテーブルトップポジションに持ち上げる。背骨は長く保つ。

ニュートラル

## 3

吸いながら右膝を伸ばし、つま先を天井に。ももを伸ばす。吐きながら右脚を戻す。左脚も同様に動かす。

両膝を
同時に伸ばし
10秒間キープ

動画も
CHECK!

メンタル編

# 自律神経の乱れを改善したい

## ワンレッグ・サークル

**ゆっくりした脚の動きと安定した呼吸を組み合わせ、
心身をリラックスさせながらバランスを整える**

他に期待できる効果

- 腹筋の強化
- 股関節の柔軟性アップ
- 反り腰改善

左右各方向
5
回

✓ 伸展している脚の膝を曲げ、テーブルトップにしてから足裏を床に下ろし、膝を伸ばす

✓ 反対脚の膝を立ててからテーブルトップにし、膝を伸展して天井方向へ引き伸ばす

## 1

あおむけの姿勢。脚を揃えるか坐骨幅。足はつま先を伸ばすか足首を上げる。

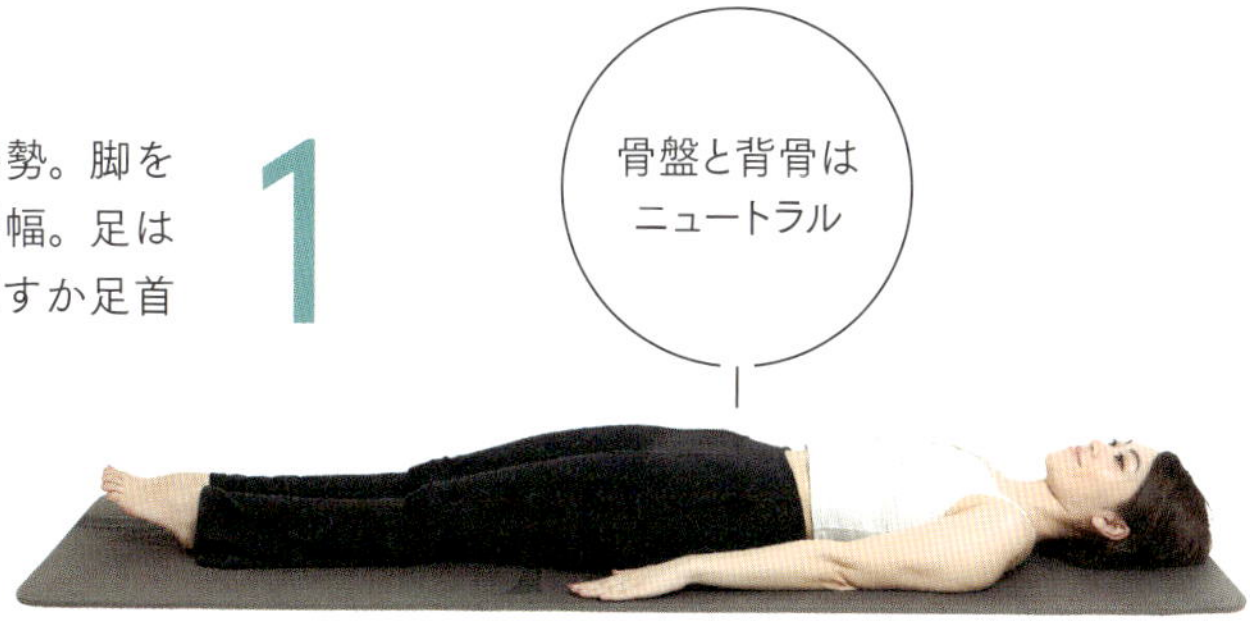
骨盤と背骨は
ニュートラル

## 2

右膝を曲げて持ち上げる。吐きながら肋骨とおなかを引き込み、骨盤と体幹を安定させる。

吐く

## 3

膝を伸ばし、つま先を天井。左のかかと、両腕、背中、後頭部を軽くマットに押し、体を支える。

膝を
まっすぐ

## 4

吸いながら右脚を内回しして円を描く。股関節から動かす。反対方向にも同様に行う。

骨盤や体幹が
動かないように
吸う

動画も
CHECK!

メンタル編

# イライラを解消したい

## サイドキック・フロント&バック

**リズミカルな動きと深い呼吸を組み合わせることで、**
**心がリフレッシュされて気持ちが落ち着く**

他に期待できる効果

- ●ヒップアップ効果
- ●むくみ解消
- ●血行促進

左右
5~8
セット

- 腹筋を意識して体幹を安定させ、骨盤が揺れないようにする
- 脚をできるだけ長く引き伸ばす意識を持つ
- 動作と呼吸を連動させてスムーズに行う

1

横向きに寝転び、骨盤をニュートラルに保つ。

2

上の脚をお尻の高さに持ち上げ、つま先を伸ばす。脚を長く引き伸ばすように意識。

3

息を2回吐きながら、上の脚を前に2回キック。腰が動かないように注意。

4

吸いながら上の脚を後ろにキック。前後交互に動作を繰り返す。

動画もCHECK!

メンタル編

# 気分の落ち込みを解消したい・やる気が出ない

## コークスクリュー

股関節周りを動かしてほぐし、全身の巡りをよくして気持ちをリフレッシュする

他に期待できる効果

- 姿勢改善
- 体幹の強化
- おなかの引き締め

右回し＋左回し × 5〜10セット

- 動作中、骨盤や背骨が揺れないようにおなかを引き込む
- 脚をぴったり揃え、動きがブレないようにコントロールする
- 動作に合わせて吸ったり吐いたりをスムーズに行う

1

あおむけの姿勢。両脚を片脚ずつ持ち上げ、脚を揃える。

2

両膝を伸ばしてつま先は天井。吐きながら肋骨と腹部を引き込む。

両腕、背中、
後頭部を
軽くマットに
押し付ける

3

息を吸いながら、両脚を揃えたまま右に傾け、半円を描くように下方向へ動かす。

4

左側に来たら、まっすぐ横に向かうようにし、センターに戻る。吐きながら、反対も同じ動きを行う。

息を
吐きながら

## その3：筋肉のお話

筋肉は、わたしたちの身体を動かすエンジンであり、姿勢を保ち日常の動作をスムーズに行うために欠かせない存在です。筋肉が硬くなったり弱くなったりすると、動きが制限されたり、姿勢が崩れる原因になります。

ピラティスで特に重要なのは、肋骨から骨盤までのインナーマッスルと、その表層部にあるアウターマッスル、いわゆる体幹です。アウターマッスルを全身と連動させると、力強くなめらかな動きが生まれ、体幹とのバランスを意識すれば、効率よく鍛えられます。これらの筋肉がどこにあるのかを知り、意識してエクササイズを行うことで、より効果が出やすくなります。

ピラティスでは、全身の筋肉をバランスよく鍛え、使いすぎている筋肉をほぐし、働きが弱まっている筋肉を活性化させます。このアプローチにより、筋肉同士が連動して動けるようになり、しなやかで効率的な身体の使い方が身につきます。

正しい筋肉の使い方を学ぶことは、姿勢改善やパフォーマンス向上だけでなく、ケガの予防にもつながります。筋肉の仕組みをちょこっと知ることで、ピラティスの効果をさらに実感してみましょう！

### インナーマッスル（深層筋）

**特徴:** 身体の奥に位置し、骨や関節に近い筋肉で、骨や関節が十分に動くようにサポートするための筋肉です。
**役割:** 姿勢を安定させ、身体を支える重要な筋肉です。動きの基盤をつくります。運動をする際には、関節の向きを微調整したり、回転させたりと、動きの精度を高める役割があります。
**例:** おなかの奥にある腹横筋、背骨を支える多裂筋。

### アウターマッスル（表層筋）

**特徴:** 身体の表面に近い位置にあり、目に見えやすい筋肉。
**役割:** 主に大きな動きをつくり出し、パワーを発揮するための筋肉です。一般的に「筋トレ」と呼ばれるものは、アウターマッスルを鍛えるために行います。
**例:** 太ももの前面（大腿四頭筋）、胸の筋肉（大胸筋）。

## その3：筋肉のお話

### 横幕真理流・ちょこっと哲学！
### 骨格を整えれば人生も整う

コントロロジーは、ピラティス氏が提唱した、心と身体をコントロールするための哲学です。「コントロール学」とも呼ばれ、すべての動作を意識し、正確さと集中力を高めることを目的とします。

単に身体を鍛えるだけでなく、心と身体の調和を目指すコントロロジーは、ピラティスの基本理念であり、エクササイズを深く楽しむ鍵です。

ピラティス氏は著書『コントロロジー』でこう述べています。「筋肉は意思に従うべきであり、意思が筋肉の反射行動に支配されてはいけない。コントロロジーは頭で筋肉をコントロールすることから始まる」——

ピラティスは、ただ身体を動かすだけのエクササイズではありません。自分の身体を理解し、大切にすることで、もっと自分を好きになり、自分らしくハッピーに生きられる。その本質こそ、ピラティス氏が伝えたかったコントロロジーの哲学だとわたしは思います。

だからこそ、毎日ちょこっとピラティスを続けることが、心と身体の健康、そして自分自身の幸せにつながるとわたしは信じています。さあ、新しい自分に出逢いにいきましょう！

### 主な筋肉と名称

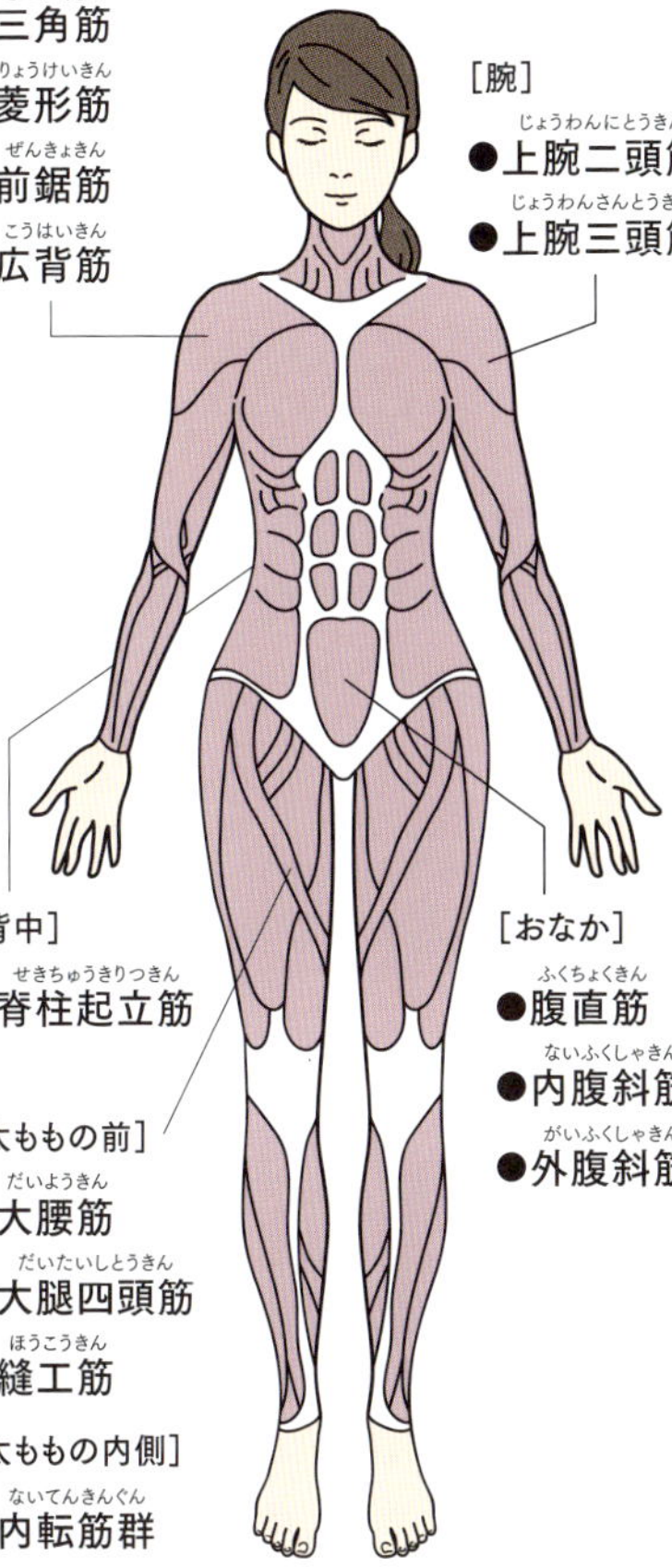

[肩甲骨まわり]
●僧帽筋《そうぼうきん》
●三角筋《さんかくきん》
●菱形筋《りょうけいきん》
●前鋸筋《ぜんきょきん》
●広背筋《こうはいきん》
[腕]
●上腕二頭筋《じょうわんにとうきん》
●上腕三頭筋《じょうわんさんとうきん》
[背中]
●脊柱起立筋《せきちゅうきりつきん》
[おなか]
●腹直筋《ふくちょくきん》
●内腹斜筋《ないふくしゃきん》
●外腹斜筋《がいふくしゃきん》
[太ももの前]
●大腰筋《だいようきん》
●大腿四頭筋《だいたいしとうきん》
●縫工筋《ほうこうきん》
[太ももの内側]
●内転筋群《ないてんきんぐん》
[太もものうしろ]
●大臀筋《だいでんきん》
●ハムストリングス

AL
PTER

# カラダが変わると

IF YOUR BODY CHANGES,

# ココロも人生も変わる

YOUR MIND AND LIFE WILL ALSO CHANGES

# ピラティスの始まりと知られざる歴史

ピラティスは、1883年生まれのジョセフ・ピラティス氏によってドイツで考案されました。

幼少期から喘息や病弱に悩まされていたジョセフは、自身の健康改善のためさまざまな運動法を研究し、独自のエクササイズを開発。第一次世界大戦中、ジョセフはイギリスの収容所で負傷兵のリハビリテーションにこの手法を活用しました。この時期に、ベッドのスプリングを利用して横たわったままできる運動を考案し、これが現代のマシンピラティスの原型となったのです。

1926年、ジョセフはアメリカに移住し、ニューヨークでスタジオを開設しました。ここでダンサーやアスリートを中心に人気を集め、ピラティスの普及が始まりました。

ジョセフの死後、彼の弟子たちによってピラティスは世界中に広まりました。ピラティスの特徴として、**コアの強化を重視すること、呼吸法を重視し精神と身体の調和を目指すこと、そして少ない回数で効果的に全身を鍛えること**が挙げられます。現在では、フィットネス、リハビリテーション、スポーツトレーニングなど幅広い分野で活用されています。

このように、ピラティスは100年以上の歴史を持ちながら、現代のフィットネスニーズに合わせて進化し続けている運動法です。その効果的なアプローチと柔軟な適応性により、今日でも多くの人々に支持され続けています。

# 今、ピラティスは一大ムーブメントへ

ピラティスは、今や世界的な一大ムーブメントとなり、日本国内でもその影響は広がり続けています。Googleのデータによれば、「ピラティス」というキーワードの検索数はこの数年で6倍以上に増加。都市部を中心に専門スタジオが急増しているのはもちろん、地方都市にもその波が届いています。

このブームの背景には、国や国際機関が推進する健康増進の取り組みがあります。厚生労働省は「健康寿命延伸プラン」を掲げ、**２０４０年までに男女ともに健康寿命を75歳以上に延ばす**ことを目標としています。さらにＷＨＯ（世界保健機関）の「身体活動に関する世界行動計画２０１８－２０３０」では、**身体活動不足者の割合を２０３０年までに15%減少させる**目標が掲げられています。

このような背景もあり、その中でも高齢者の健康維持やリハビリテーション効果も大きいピラティスの存在が注目されているのです。しかし、これほどまでにピラティスが必要とされている理由はそれだけではありません。

それは、ピラティスが身体を動かすだけのエクササイズではなく、**「心と身体の健康」を目指すメソッド**だからです。

たとえば、ストレッチや筋力トレーニングは、一部の筋肉や動きに集中することが多いですが、ピラティスは身体全体のバランスを整え、「正しい姿勢」や「効率的な身体の使い方」を学ぶことができます。

これにより、姿勢が改善し、日常生活のあらゆる動作が楽になるだけでなく、腰痛や肩こりといった慢性的な不調を根本から改善するきっかけになります。

さらに、ピラティスの呼吸法や集中力を高めるエクササイズは、精神面にもよい影響を与えます。ストレスを和らげ、自律神経を整えることで、「健康な身体」だけでなく「健康な心」を育むことができるのです。

# ムーブメントを超えて「ピラティスで人生をウェルネスに」

ここで注目したいのが、「ヘルス」と「ウェルネス」の違いです。

ヘルス（健康）とは、病気がなく、不調のない状態を指します。一方、ウェルネスとは、単に健康であるだけでなく、心身ともに充実し、人生そのものを楽しむ力を持つことを意味します。ヘルスが「生きるための基盤」だとすれば、ウェルネスは「人生を輝かせるための生き方」だと言えるでしょう。

そして、まさにピラティスを通じて人生をウェルネスに変えられることは、これまでに4000名以上の生徒さんが証明してきてくれました。

「腰痛が改善して仕事への集中力が高まった」「見た目が変わり、自信を持って人前に出られるようになった」「ピラティスを続けていると心が穏やかになり、ストレスが減った」——これらの声を日々耳にするたび、ピラティスが単なるエクササイズを超えた「人生を変えるメソッド」であることを再認識しています。

ピラティスは、すべての動きに「意識を持つ」ことが重要です。筋肉や骨格に意識を向けることで、自分の身体の可能性に気づき、自分を大切にする感覚が自然と生まれます。そしてその意識が心にも波及し、「本当の自分らしさ」に気づくきっかけを与えてくれるのです。

わたしが掲げる「ピラティスで人生をウェルネスに」というビジョンは、ただ身体を変えようというメッセージではありません。それは、ピラティスで身体と心、そして人生を自分らしく輝かせることが、わたしたちなら絶対にできるという確信から生まれたものです。一大ムーブメントを超えて、ピラティスがあなたの毎日の生活に根付き、人生そのものをウェルネスに変える力になれるように——そのために、これからもピラティスの魅力を伝え続けていきたいと思っています。だからこそ、このピラティスブームを一時的なものに終わらせてはいけないと、わたしは強く思っています。

# やる気さえも捨てよう！
# 驚くほど続けられる
# カンタン「習慣化」

ピラティスをただのブームで終わらせない。そのためには、ピラティスを日々の習慣にすることが何よりも大切です。

ここまで読んでくださったあなたは、「ちょこピラをやってみよう！」と思ってくれているはずです。たった5分、だけどやっぱり続けられるか不安な気持ちがある方、始めるのに腰が重い方も多いのではないでしょうか。

「大丈夫、あなたもきっと続けられる」そう、自信を持ってお伝えできるのは、わたし自身の実体験があるからです。これまでにわたしは、瞑想の講師として3年間にわたり約１０００日間、毎朝6時から瞑想レッスンをオンラインにて開催してきました。この経験は、わたしに多くの学びと気づきを与えてくれました。

本来、朝が苦手なわたしは、最初は「本当に続けられるだろうか」と不安でした。しかし、日々50名以上の生徒さんに指導しながら、少しずつ心の変化を実感するようになりました。

「毎朝、早起きして続ける」そんな自分との小さな約束を守り続けることで、自分を信じることができるようになっていきました。「わたしにもできる」そんなふうに自信を持つことができたのです。

その結果、仕事や人間関係においても周囲からの信頼を得られるようになり、人生そのものがより充実したものへと変わったのです。

ピラティスも同じです。「ちょこピラ」は、忙しい毎日の中でも続けられるよう、習慣化を助けるためのシンプルな3つのルールを提案しています。

わたしの伝える習慣化の最大の鍵とは、「やる気を出さないこと」です。

「えっ？　やる気を出すではなく、出さない？」とビックリされた方もいるかもしれません。人間の「やる気」は波のように変動します。一度急激に上げたやる気はいつか必ず下がります。「やる気が出たときにやる」では、継続は難しく、すぐに挫折してしまうことも少なくありません。やる気を出して三日坊主……。そんな経験があなたにもあるのではないでしょうか。

やる気を出すのではなく、最初から**「やる気がなくてもできる仕組み」をつくることが習慣化のポイント**です。

それでは、習慣化の仕組みづくりにおける具体的な3つの秘訣をお伝えします。

### 1　最初から完璧を目指さない

「たった5分」から始めるだけで十分です。最初から60分のレッスンを受ける必要はありません。ピラティスの魅力は、短時間でも効果が実感できることなので、まずは5分から始めていきましょう。

### 2　タイミングを固定する

ピラティスを行うタイミングを生活の中で固定しましょう。たとえば、「朝起きてすぐ」「帰宅したらすぐ」「お風呂の前に」など、既に習慣化されている行動の前後に取り入れると効果的です。

### 3　自己評価を肯定的にする

「今日はできなかった」と自分を責めるのではなく、「少しでもできた自分」を肯定しましょう。ピラティスは楽しむものですし、楽しむことで自然と継続できるようになります。やる気も完璧主義な自分も自己否定してしまう心もすべて捨ててしまいましょう。なんだかできそうな気がしませんか？

*

ちょこピラを歯磨きのように習慣化することで、身体も心も軽くなり、ふと「今の自分、ちょっと好きかも」と気づける、そんな新しい自分に出逢えるワクワクが継続した先に待っています。

# ピラティスは人生を劇的に変えてくれる

わたしの体型コンプレックスは、小学校5年生の頃から始まりました。身長が伸びると同時に体重が増え、身体測定の日が嫌でたまらなかったのを覚えています。他の子より重い自分の体重が数字としてはっきりと記録されるその瞬間が何よりも苦痛でした。

大人になったわたしは、さらに体重計の数字ばかりを気にして、無理なダイエットに挑み続ける日々。追い詰められた心と身体はボロボロで、いつしか自分のことが大嫌いになってしまい、自分自身を受け入れることもできなくなっていました。

でも、ピラティスに出合い、わたしの身体はもちろん、心にまで変化が起こりました。ピラティスのレッスンでは、鏡に映る自分を見ながら、「どの筋肉を使っているのか」をていねいに意識します。その中で、自分の身体が持つ本来の力や可能性に少しずつ気づき始めたのです。

**「自分の身体をもっと大切にしたい」**という気持ちが自然と芽生える中で、ふと気づきました。これまでわたしを苦しめてきたのは体重計の数字そのものではなく、その数字を見て**「自分はダメだ」と思い込む心**だったのだと。ピラティスが教えてくれたのは、「体重計に縛られるのではなく、自分自身と向き合い、今の自分を大切にすること」の大切さでした。

本書でわたしは、**「もう体重計は捨てていい！」**というメッセージをお伝えしてきました。

ピラティスに出合い、体重計を捨てた日から、わたしの人生は大きく変わりました。ですが、もちろん実際には体重計を捨てただけでは何も変わりません。その行動を通じてわたしが本当に捨てることができたものは**「他人の目を気にする心」**と、**「誰かが決めたキレイの基準」**だったのです。

わたしは気づきました。体重計の数字が怖かったのではなく、その数字が「周りと違う自分」を示すことに怯えていたのだと。いつも他人と自分を比べ、「みんなと同じ」でなければ居場所がないと思い込んでいました。そして、大人になってからも、ＳＮＳで輝いて見える誰かと現実の自分を比べては落ち込んでいました。

「体重計を捨てること」。それは、**他人の評価から自分を解放する**こと。誰かが決めた「キレイ」を捨てることでした。

その日からわたしは、「今日のわたしは、昨日より自分らしく輝けているかな？」と、自分だけを基準に生きるようになりました。そして、**ピラティスが、わたしにその「自分と向き合う力」をくれた**のです。

だからこそ結果として自分の理想の体型に、少しずつ近づくことができるようになったんだと思います。

これはわたしだから変われたのではありません。実際に多くの生徒さんが、体重を気にすることをやめて、１日５分のちょこピラを日常に取り入れるだけで自然とダイエットにも成功してきました。生徒さんたちが変わる瞬間に立ち会ってきたからこそ、このメソッドを通じて、多くの方が「わたしのキレイ」を見つけ、自信を取り戻してくれると信じています。

ピラティスは、心と身体をつなげるエクササイズであり、「わたしはわたしのままでいい」。そうわたしたちに教えてくれています。
だから、あなたもきっと大丈夫。１日５分、ちょこっとピラティスをすることで、きっと昨日より今日のあなたは理想の自分に近づいているはずだから。

わたしのキレイは、わたしが決める。
そして、あなたのキレイも、あなたが決めていい。

あなたにとってのキレイとは、なんですか？

# EPILOGUE

# おわりに

「ピラティスで人生をウェルネスに！」

そう、わたしは本気で想っています。
ピラティスをする。これだけで人生が健康で活き活きと輝いたものになる。
そう信じているのです。

本書の最後に、わたしがそんなことを本気で口にするようになったきっかけを2つだけお伝えしたいと思います。

## ピラティスとは、自分と向き合うこと

まず１つ目は、祖父の死です。わたしが小さな頃から同居していて、大好きだったおじいちゃん。幼い日の想い出は、いつも頼りになる大きかったその背中でした。でも、おじいちゃんは晩年、仕事をやめて、体調を崩してからは日課だった散歩もやめてしまい、どんどん痩せ衰えていってしまいました。

当時、わたしはスクールＭＡＪＯＬＩを立ち上げて、ピラティスやヨガをたくさんの方に教えながら、健康に自分らしく生きることの大切さを生徒の皆さんにお伝えする仕事をしていました。

でも、そんなときに、身内であるおじいちゃんの健康ひとつ気遣ってあげられずに、何もしてあげることもできなかった。当時、コロナ禍で面会もなかなか許されず、最後の瞬間を看取ることもで

# EPILOGUE

きないまま、訪れてしまった永遠の別れ。

既に眠りについたおじいちゃんの顔を見つめながら、わたしは今まで何をしていたのだろうと後悔が湧き上がりました。生徒さんたちに、**健康で活き活き輝く人生を生きよう！**と言いながら、身近な家族ひとりの「ウェルネス」に何も貢献ができなかったのではと、何度も自問しながら、答えも出ないまま、悔しくて、悔しくて、ただただ涙が溢れました。

**わたしに何ができたのだろう。**もちろん、今でも答えはありません。ただ、ひとつだけ言えることがあります。

それは、自分自身と、そして自分の大切で身近な人たちと向き合うこと。そのきっかけをピラティスが与えてくれるということです。

ピラティスを日々していると、今日の自分の身体の状態がわかり、心の状態がわかります。そして、自分と向き合うからこそ、周囲の人の身体や心の状態も敏感に感じ取れるようになり、自分にも他人にも優しく気配りができるようになります。

だから、わたしは皆さんに、「ピラティスをしよう」と伝えたいです。人生１００年時代、その最後の瞬間まで、少しでも健康で自分の足で立ち、大好きな人と共に歩いて過ごせるように。

## 迷ったら勇気のいるほうへ

もうひとつのきっかけ。それはわたし自身がピラティスのスクールを開校したことでした。

# EPILOGUE

わたしは元々それ以前からヨガのスクールを運営していて、特にヨガ哲学や瞑想の専門家として、心へのアプローチを中心とした指導を行っていました。

ピラティスとヨガは似ているものだというイメージもありますが、もちろん実際は全然違います。既にヨガスクールの経営で実績が出始めていた当時のわたしが、ピラティスの講座を始めることは、**正直、とても不安も大きい**ものでした。

「あの人はヨガの講師だから、ピラティスの指導者としてはまだまだ歴が浅いのではないか。そんな人がレベルの高い講座をつくれるのか」と、皆からそう思われてしまっているのではないか。そんなことを考えただけでも、とても怖かったことを覚えています。

でも、わたしはひとつだけ自分と約束していることがありました。それは、「迷ったら勇気のいるほうへ」です。

不安に震えながら、それでもピラティススクールの開校を決めたわたしは、その日から寝る間を惜しんで講師陣とカリキュラムをつくり、深く学び直し、実践を繰り返し、最高の講座をつくり上げていくことができました。

結果として、これだけ多くの方にピラティスを通じて感動を提供するという夢を叶えることができるようになったのです。

最後にあなたにお伝えしたいこと。

それは、「自分をあきらめないでください」ということです。

# EPILOGUE

あのときのわたしも、たくさんのやらない理由が浮かんできました。でも、やり遂げることができた理由はたったひとつ。それは自分をあきらめなかったから。

あなたも、日々の忙しい日常の中で、「時間がない」「お金がない」「経験が足りない」など、たくさんの「ない」に目を向けてしまうことがあると思います。そして、元々の骨格や体質や運動神経や向き不向きを理由に、途中でやめたくなってしまうこともあるかもしれません。

でも、大丈夫。ピラティスはすべての人に平等です。

たったの1日5分、ちょこっとピラティスをする。

この積み重ねが、必ずあなたの不安を自信に変えてくれて、そしてその自分との約束を守り抜いたという確かな経験が、あなたのココロもカラダもより健康にしてくれます。

だから、自分をあきらめないでください。

この「ちょこっとピラティス」が、あなたと、あなたの大切な人のウェルネスにつながれば、こんなに幸せなことはありません。

新しいことにチャレンジする、あなたは今、とてもキレイです。そんなあなたのウェルネスライフを心から願って、筆を置かせていただきます。

本書に最後までお付き合いいただき、ありがとうございました。

横幕 真理

ブックデザイン
前田友紀（mashroom design）
撮影
海野俊明

「1日5分」でカラダもココロも最高にキレイになれる

# ちょこっとピラティス

を読んでくださったみなさんへ

## 読者特典のご案内

ちょこピラを
実際に
体験したい！

ピラティスの
レッスンを
受けてみたい！

そんなあなたの「キレイ」づくりへ。
オンラインピラティススタジオ“ちょこピラ”
通常月額3,000円を本書の読者は

**2か月無料でご利用いただけます**

下記より
アクセス！

※読者特典は、予告なく終了する場合がございます

[著者略歴]

**横幕 真理**（よこまく・まり）

株式会社MAJOLI 代表取締役
一般社団法人国際ピラティス協会 代表理事
幼少期より太っている自分への強いコンプレックスから無理なダイエットを繰り返す「万年ダイエッター」だったが、ピラティスとヨガに出合い、無理なく自然に理想のスタイルへ変化。カラダとココロを整えることで人生まで大きく変わり、「新しい自分」に出逢う経験をする。29歳で株式会社MAJOLIを設立し、これまでに累計4,000名以上の卒業生を輩出（2025年1月現在）。2024年には銀座にピラティススタジオ「Pilates isM」をオープン。アメリカ・ラスベガスでピラティスを学び、独自のカリキュラムを加えた1日5分でどこでも実践できる「ちょこっとピラティス（通称ちょこピラ）」を開発。「自然に、しなやかに美しくなる」メソッドを忙しい現代人に提案し、多くの支持を集めている。

---

# ちょこっとピラティス


2025年2月11日　初版発行

著　者　横幕 真理

発行者　小早川幸一郎

発　行　株式会社クロスメディア・パブリッシング
〒151-0051 東京都渋谷区千駄ヶ谷4-20-3 東栄神宮外苑ビル
https://www.cm-publishing.co.jp
◎本の内容に関するお問い合わせ先：TEL（03）5413-3140／FAX（03）5413-3141

発　売　株式会社インプレス
〒101-0051 東京都千代田区神田神保町一丁目105番地
◎乱丁本・落丁本などのお問い合わせ先：FAX（03）6837-5023
service@impress.co.jp
※古書店で購入されたものについてはお取り替えできません

印刷・製本　株式会社シナノ


©Mari Yokomaku, 2025 Printed in Japan ISBN978-4-295-41053-9　C2034